한 인권운동가가 13년 동안 추적한
판문점 김훈 중위 사망 사건의 숨겨진 진실

그날 공동경비구역에서는 무슨 일이 있었나?

한 인권운동가가 13년 동안 추적한
판문점 김훈 중위 사망 사건의 숨겨진 진실

그날 공동경비구역에서는 무슨 일이 있었나?

초판 1쇄 찍음 2011년 11월 10일
초판 1쇄 펴냄 2011년 11월 15일

지은이 고상만
펴낸이 김선영
펴낸곳 책으로여는세상

출판등록 제396-2008-000066
주소 (우)410-709 경기도 고양시 일산동구 마두동 백마마을 302동 501호
전화 031-818-9917 | **팩스** 0505-917-9917 | **E-mail** dkahn21@daum.net

ISBN 978-89-93834-09-3(03300)

책으로여는세상

좋 · 은 · 책 · 이 · 좋 · 은 · 세 · 상 · 을 · 열 · 어 · 갑 · 니 · 다

이 도서의 국립중앙도서관 출판시도서목록(CIP)은 e-CIP 홈페이지(http://nl.go.kr/cip.php)에서
이용하실 수 있습니다.(CIP2011004642)

한 인권운동가가 13년 동안 추적한 판문점 김훈 중위 사망 사건의 숨겨진 진실

그날
공동경비구역에서는
무슨 일이 있었나?

고상만 지음

책으로여는세상

군인도 사람이다

이덕우(변호사, '민주사회를 위한 변호사모임' 회원)

대한민국 남자 중 국방의 의무를 다한 이들 모두가 꾸는 악몽이 있습니다. 제대했는데 다시 훈련소로 끌려가는 꿈입니다. 꿈속에서도 "이건 아닌데. 난 틀림없이 그 지옥 같은 군에서 제대했는데. 이건 꿈이야!"하며 괴로워하다 깨어난 경험. 그때 온몸을 적신 진땀의 감촉. 신성한 국방의 의무를 충실히 이행한 대가가 악몽으로 주어집니다. 그리고 이런 대가는 10년, 20년이 넘도록 지속됩니다.

허지홍이란 사람이 있었습니다. 육사 5기생으로 한국전쟁 당시 대위로 근무했습니다. 허 대위는 1950년 8월 7일 안동지구 향로봉 전투에서 공격 명령을 받았으나 부대를 이탈한 혐의로 당시 군사법원에서

'적전 비행과 군기 문란죄'로 사형선고를 받고 총살형을 당했다고 기록되어 있습니다.

그러나 50년이 지난 뒤 허 대위의 누이동생은 진실을 밝혀냈습니다. 당시 상관이 허지홍 대위를 권총으로 쏘아 살해한 뒤 범행을 은폐하기 위해 판결문을 조작했던 것입니다. 결국 법원은 국가의 책임을 인정해 손해배상을 하라고 판결했습니다.

또 다른 사례로는 허원근이란 젊은이가 있습니다. 육군 7사단에서 일병으로 근무하다 1984년 4월 2일 총상으로 사망했습니다. 국방부는 허 일병이 스스로 M16 소총으로 자신의 가슴에 두 발, 머리에 한 발을 쏘아 자살했다고 발표했습니다. 그의 아버지 허영춘 선생은 생업을 포기하며 30년 동안 싸운 끝에 결국 자살이 아닌 타살임을 밝혀냈습니다. 역시 법원은 국가의 책임을 인정하여 손해배상 판결을 하였습니다.

이런 이야기를 듣는 사람들 대부분은 설마 그런 일이 있을 수 있을까 하는 반응을 보입니다. 그러나 사실입니다. 소설보다 더 기막히고 영화보다 더 이상한 일이 벌어졌습니다. 그리고 그것을 숨겨온 것이 현실입니다.

이렇게 기적처럼 진실이 밝혀진 사건은 많지 않습니다. 허지홍 대위의 누이동생, 허원근 일병의 아버지 같은 분들의 초인적인 노력이 있었기에 가능했던 일입니다. 그리고 그들이 진실을 밝힐 수 있는 계기가 된 사건이 있습니다. 1998년 2월 24일 일어난 김훈 중위 사망 사건입니다.

김훈 중위 사건은 온 국민의 관심을 불러일으켰습니다. 그동안 어디에도 하소연할 수 없었던 군 의문사 유가족들을 들고 일어나게 했고, 단체를 조직하게 했습니다. 이젠 군대에서 사망 사건이 벌어지면 군은 유족들에게 상세히 설명해야만 합니다. 그리고 군대에서 벌어지는 가혹행위도 처벌하고 있습니다. 결국 대한민국 군대의 인권은 김훈 중위 이전과 이후로 나누어볼 수 있을 것입니다.

우리 군대는 일제강점기 시대 제국주의 침략군, 일본군의 악습을 유전자로 받았습니다. 남북 분단과 한국전쟁으로 잔혹한 경험을 했습니다. 그리고 국군 장군들이 군사쿠데타를 일으켜 정권을 탈취했습니다. 한 번이 아닌 두 번이나 정권을 탈취한 이 나라에서 군대란 접근할 수 없는 성역이었습니다.

군에서 사망 사건이 일어나면 대부분 사고사 또는 자살로 처리해 왔습니다. 가족들은 이의를 제기하다 압력에 굴복하거나, 주위의 무관심으로 포기하거나, 평생 한을 안고 살다 생을 마감했습니다. 그러다 김훈 중위 사건이 일어난 것입니다.

1998년 2월 24일. 판문점 공동경비구역(JSA)에서 소대장으로 근무하던 김훈 중위는 관자놀이에 총상을 입고 죽었습니다. 군은 서둘러 자살로 발표했습니다. 천주교 인권위원회는 예비역 3성 장군인, 김훈의 아버지 김척 장군과 함께 진실을 밝히기 위해 노력했습니다. 지난한 싸움이었습니다. 미국에서 활동하고 있는 저명한 법의학자 노여수 박사를 초청해 타살이라는 감정 의견을 받았고, 시사 프로그램에 방송되어 온 국민의 관심도 끌었습니다.

김대중 대통령의 특별 지시로 건군 이래 최대 규모의 특별합동조사단이 꾸려졌습니다. 수사 도중, 같은 소대 부사관(부소대장)이 북한 초소로 넘어가 북한군과 접촉한 사실이 밝혀져 온 국민을 놀라게도 했습니다.

그러나 국방부는 끝내 자살로 결론지었습니다. 수사권이 없는 법원은 초동수사가 잘못되었다는 사실은 인정했으나 사건의 진실을 밝힐 권한이 없다 하여 재판의 한계를 드러냈습니다. 그 뒤 설치된 대통령 소속 군 의문사 진상규명위원회는 '진실규명 불능'이란 결론을 내렸습니다. 이렇게 싸우느라 벌써 13년이 흘렀습니다. 그러나 아직 김훈 중위 사건은 해결되지 않았습니다.

김훈 중위. 그는 군 의문사의 상징이 되었습니다. 그러나 아직 그의 죽음은 타살도, 자살도 아닌 의문사로 남아 있습니다.

일본 제국주의 군대 문화를 깨끗이 씻지 못한 이 땅의 60만 대군은 신음소리를 내고 있습니다. 몸이 아프면 고통을 느끼듯 군복 속 우리 젊은이들이 몸과 마음이 아프다고 합니다. 총기난사 사건이 벌어지고, 병사와 부사관, 그리고 장교가 자살을 합니다.

총기난사 사건이 일어나면 총기 관리를 규정대로 하지 못했다고 지휘관들에게 책임을 묻습니다. 그러나 지금도 총기 관리를 규정대로 하지 않는 부대가 많습니다. 여전히 군대라는 철책 안에서는 언어폭력, 성추행, 따돌림, 구타 같은 인권유린이 벌어지고 있습니다. 장교부터 병사까지 몸과 마음이 아프다고 해도 누구도 관심을 기울이지 않습니다. 그저 군대니까 견디라고 할 뿐입니다.

군대라는 특수조직에서도 인간의 존엄성은 지켜져야 합니다. 과연 인권과 군대는 양립할 수 없는 것일까요?

김훈은 지은이 고상만과 제가 오랜 세월 함께 일하고 정을 나눌 수 있는 강한 끈이었습니다. 1994년 〈민주주의 민족통일 전국연합〉이라는 재야단체의 인권위원회에서 간사와 인권위원으로 만난 20대와 30대 청년은 이제 40대와 50대가 되었습니다.

20년의 세월이 흐르면서 고상만은 참 많이 변했습니다. 전국연합 인권위원회와 천주교 인권위원회에서 상근 간사, 이어 정부기구인 대통령소속 군 의문사 진상규명위원회와 친일반민족행위자 재산조사위원회의 조사관을 거쳐 지금은 서울시 교육청 감사관실에서 감사 공무원으로 일하고 있습니다.

끝없이 공부하고 일하면서 성장하는 모습은 옆에서 바라보는 이들을 흐뭇하게 합니다. 이렇게 고상만은 끊임없이 변하고 있지만 인권운동에 대한 열정과 사람에 대한 성실함은 변치 않을 것이라 믿습니다. 인권운동은 결국 정치운동이고 진보적이어야 한다는 생각을 하며 지은이 고상만의 내일의 모습을 상상해봅니다.

이 책은 대한민국 군대에 대한 인권사, 그리고 한국 현대사의 소중한 기록이고 지은이가 발로 뛴 생생한 인권운동, 판문점 김훈 중위 사건에 대한 증언입니다. 우리 모두의 무지와 무관심을 넘어서려는 지은이의 노력에 박수를 보냅니다.

끝으로 김훈 중위의 가족에게 위로와 함께 마지막까지 진실 규명의 희망을 함께 가꾸어 나가자는 말씀을 드립니다.

'사랑할 수 없는 시간'에 대한
한 인권운동가의 고발

김희철(다큐 영화 〈진실의 문〉, 〈사랑할 수 없는 시간〉의 감독)

2009년 6월 4일 아침, 시청역에서 내려 덕수궁 앞을 지나던 나는 카메라의 ON 스위치를 올렸다. 그 전달, 바보가 부엉이 바위에서 떨어지고 난 뒤 덕수궁 대한문 앞에 설치된 시민 분향소가 누군가에 의해 심하게 훼손되어 있었기 때문이다. 쓰레기가 되어 버린 분향소 집기들을 한참 동안 찍다가 약속 시간이 다가와 숭례문 앞으로 향했다.

숭례문 앞 우뚝 솟은 흰색 건물 로비에서 김훈 중위 아버지를 만났다. 그리고 건물 10층에 있는 대통령소속 군 의문사 진상규명위원회에서 조사관들이 내려오길 기다렸다. 잠시 뒤 우리는 조사관들과 함께 차량에 올라탔다. 판문점 공동경비구역 김훈 중위 사망 사건 현장을 방문하기 위해서였다.

김훈의 아버지와 나는 뒷자리에 앉았다. 서울을 빠져나온 차가 자유로를 달릴 즈음, 나는 창밖으로 쌩쌩 달리는 반대편 차량들의 이미지들을 카메라에 담기 시작했다. 너무 빠른 속도 때문에 액정에 담기는 화면들은 마치 움직이는 추상화처럼 보였다. 그 움직임은 지금까지 지나온 시간을 생각나게 했다.

고 김훈 중위의 아버지, 김척. 그는 군인이었다. 1997년 11월 전역한 그의 어깨에는 세 개의 별이 붙어 있었다. 그리고 석 달 뒤인 1998년 2월 24일, 그는 장남 김훈이 판문점 공동경비구역 241GP 3번 벙커에서 권총에 의해 사망했다는 소식을 들었다. 중위 계급장을 달고 소대장으로 근무하던 김훈의 사인에 대해 군 수사기관은 정확한 원인을 알 수 없는 자살이라고 밝혔다.

유가족은 믿을 수 없었다. 유서도 없었고, 군이 발표한 당일 상황과 사인에는 허점과 오류가 많았다. 권총도 김훈의 것이 아니었고, 방아쇠를 당겼다는 오른손에는 화약흔이 없었으며, 오히려 왼쪽 손바닥에서 화약흔이 검출되었다. 사건이 일어났다는 시간에 대해서도 소대원들의 진술은 오락가락했고, 소대원들의 알리바이도 분명하지 않았다. 더군다나 사건 현장의 유류품은 사건이 일어난 뒤 누군가의 손을 탄 상태였다.

하지만 유족의 의혹에 대해 군 수사당국은 당시 판문점 공동경비구역의 관할권을 갖고 있는 미군을 핑계대면서 계속 묵살했다. 그래서 초동수사를 진행했던 미군 범죄수사대와 한국군 헌병대의 수사 발표는 형식적으로 이루어졌고, 그 자리에 참석한 유가족의 질문 역시 무시되었다.

예비역 육군 중장이었던 아버지 김척은 군 조직의 생리를 누구보다 잘 알고 있는 사람이었다. 유족은 군 수사기관에 재수사를 강하게 요구했고, 다행히 그해 6월부터 11월까지 육군본부 고등검찰부에 의해 2차 수사가 이루어졌다. 하지만 결과는 마찬가지였다. 2차 수사에서도 군 수사당국은 복무 염증과 무력감 따위로 김훈이 자살했다고 재차 발표했다.

자신이 37년 동안 몸과 마음을 다해 충성을 바쳤던 군. 그 군에 배신을 당한 김척 장군은 결국 천주교 인권위원회의 문을 두드렸다. 더 이상 자신의 힘만으로는 이 거대한 조작의 음모를 깨뜨릴 수 없다는 절박한 심정에서 나온 선택이었을 것이다. 그리고 얼마 뒤 SBS 시사 프로그램인 문성근의 〈그것이 알고 싶다〉에 사건 내용이 방영되면서 언론은 이 사건에 주목하기 시작했다.

나도 텔레비전을 통해 이 사건을 처음 알게 되었다. 당시 나는 서울 근방의 부대에서 운전병으로 복무하고 있었다. 육사 출신 장교가 판문점에서 사망했고, 그 죽음에 의혹이 많다는 내용이었다. 그런데 그때 본 김훈은 내가 잠시 적을 두었던 사관학교 생도 시절 봤던 사람이었다.

아버지의 권유로 1994년, 54기로 육사에 들어갔던 나는 진로 문제로 고민했다. 그리고 오랜 고민 끝에 결국 2학년 1학기 기말고사 때 백지 시험지를 냈다. 자퇴를 하려면 부모님 동의가 필요한데, 군인이 되길 바라는 아버지가 도장을 찍어줄 리 만무했기 때문이었다. 백지 시험지는 자퇴였다.

한편, 나는 내가 알고 있던 선배 김훈이 맞는지 계속 의심스러운 생각이 들었다. 사관학교에서 생도들은 엄격한 내무생활을 하게 되는데, 군대처럼 중대, 소대 등으로 나누어져 있다. 그때 김훈과 나는 같은 중대에 소속된 것은 아니었지만 그는 나보다 2년 선배로서 다른 생도들보다 강인하고 모범적인 사람이었다고 기억하고 있었기 때문이다. 그런 그가 자살했다는 사실은 도저히 믿기 힘든 사실이었다.

사회적 이슈가 된 이 사건은 이후 국회 국방위원회에서 다루어졌다. 그리고 그곳에 증인으로 출석한 소속 소대원의 폭로는 놀라웠다. 사고 부대인 판문점 경비대대 2소대는 불법적인 구타와 물품 반출이 있었던 문제 소대였다. 특히 당시 부소대장으로 근무하던 이가 휴전선을 넘나들며 북한군과 접촉했다는 사실이 밝혀졌다. 언론은 일제히 '적과의 내통', '군 기강 해이', '안보에 큰 구멍' 따위의 기사들을 쏟아내기 시작했다.

결국 대통령의 특별 재조사 지시로 특별합동조사단(이하 특조단)이 꾸려졌고, 세 번째로 이 사건을 수사하게 되었다. 처음에는 여론을 의식한 특조단이 천주교 인권위원회를 자문위원단에 참여시키는 등 공정성을 기하려는 모습을 보였다. 하지만 이러한 움직임이 구색 맞추기를 위한 생색이었다는 사실은 얼마 되지 않아 드러났다.

1999년 1월 15일, 김훈 중위 사망 원인에 관한 법의학 토론회가 용산 전쟁기념관에서 특조단 주최로 열렸다. 국내외 법의학자들이 초청된 이날, 토론 패널의 불공정성에 항의하던 천주교 인권위원회 고상만 간사 등이 짐승 끌려 나가듯 회의장 바깥으로 쫓겨났고 김훈의 어머니는 절규했다. 내가 제작한 두 편의 영화에서 이 장면은 김훈 중위 사건의 진실이 국가 권력에 의해 어떻게 유린되는가를 상징적으로 보여주는 장면으로 부활했다. 다만, 유일하게 토론회에 참여할 수 있었던 사람은 김훈 중위의 아버지 김척 장군뿐이었다.

이날 유족 편에서 타살 가능성을 제기한 사람은 재미 법의학자 노여수 박사뿐이었다. 그는 미국에서 자신이 경험한 8000여 건의 부검 지식을 바탕으로 김훈의 사망 원인에 대해 타살 가능성을 강력하게 주장

14

했다. 또한 그는 자살로 볼 수 없는 11가지 근거에 대해 각종 자료들을 제시하면서 설명했다.

하지만 다른 8명의 전문가들은 달랐다. 그들은 앞뒤가 맞지 않는 말로 김훈에 대해 자살이라고 밝혔다. 아버지 김척은 애초부터 자살 소견을 가진 8명과 타살 소견을 가진 1명을 패널로 편성한 것은 불공정하다고 지적했다. 그러면서 이 사건에 대해 다수결로 결정해서는 절대 안 된다고 절규했다.

하지만 아무 소용이 없었다. 애초부터 수적 우위를 확보한 자살 소견자들 속에서 김훈 중위는 다수결에 의해 다시 자살이 '되었다'. 결국, 사건에 대한 세상 사람들의 관심이 식어가고 있던 1999년 4월, 국방부 특조단은 최종 수사 결과를 발표했다. 역시 자살이었다. 자살로 결론지은 수사 발표문에는 이런 말도 들어 있었다.

"망인은… 다음날로 예정된 업무 보고에 심리적 압박감을 느낀 나머지 자살도 인생의 한 부분으로 미화한 소설 《노르웨이의 숲》을 통해 합리화된 자살을 결심하고…"

무라카미 하루키의 소설 《노르웨이의 숲》은 육사 생도들의 권장도서였다. 국방부 특조단은 이러한 것까지 자살을 합리화하는 데 이용했던 것이다.

김훈 중위 아버지를 무작정 찾아간 것은 그즈음이었던 것 같다. 아버지는 아들처럼 따뜻하게 대해 주셨고, 사건과 관련된 각종 자료를 다큐 만들 때 활용하라면서 모두 제공하셨다. 그때부터 지금까지 나도 사건과 관련된 일이 있을 때마다 시간을 내어 함께 움직였다. 해마다 2월 24일에 열리는 김훈 중위 추모미사에 참석했고, 6월 현충일에는 김훈 중위의 유해가 봉안된 벽제 부대에 아버지와 함께 갔다. 갈 때마다 내년에는 여기 오지 않았으면 좋겠다는 바람이 생기지만 똑같은 생각을 10년 넘게 할 줄은 몰랐다.

그렇게 시간이 흐른 2003년, 1년 동안 다닌 다큐멘터리 전문 케이블 회사에서 조연출로 일하던 나는 내가 정말 하고 싶은 작업을 하고자 퇴사를 결심했다. 그리고 본격적으로 김훈 중위 사건을 다큐멘터리로 만들 준비를 했다. 다행히 영화진흥위원회의 독립영화 제작지원작으로 뽑혀 작업에 들어갈 수 있었다.

작업팀을 꾸린 뒤, 누구에게 인터뷰를 부탁해야 할지 고민하는 것은 어렵지 않았다. 이 책을 쓴 고상만(당시 천주교 인권위원회 간사)을 비롯한 이덕우 변호사(당시 천주교 인권위원회 위원), 정희상 기자(당시 시사저널), 정태용 보좌관(당시 국회 국방위원회 하경근 국회의원 보좌관)이 적극적으로 도와주었기 때문이다. 이들 네 사람은 마치 대본을 외운 배우들처럼 사건에 관해 카메라 앞에서 이야기해주었다.

특히 고상만에게 증언 인터뷰를 부탁했던 나는 그의 정확하고 예리한 기억력과 분석 능력, 그리고 전체적인 주제를 언어로 표현해내는 뛰어남에 놀라지 않을 수 없었다. 그래서 나는 그의 인터뷰를 영화에서 상당히 많이 사용했고, 영화 속에 담긴 그의 말은 〈진실의 문〉이 전달하고자 하는 가장 중요한 메시지가 되었다.

"김훈 중위는 진실이 밝혀진다 해도 그 목숨이 돌아오지 않는 것은 사실이죠. 그러나 중요한 것이 있습니다. 그의 목숨이 살아오지 않는 대신 더 많은 목숨들이 살아갈 수 있다는 겁니다. 국가 권력에 의해 짓밟힌 한 사람의 인권을 규명해내는 것, 그 진실을 밝혀내는 건 그와 같은 형태의 또 다른 죽음을 막을 수 있기 때문입니다."

이렇게 해서 완성된 다큐 영화 〈진실의 문〉은 2004년 가을 '인디 다큐 페스티발'의 개막작으로 뽑혀 처음 공개되었다. 개막작으로 뽑힌 것은 전혀 예상하지 못한 영광이었다. 이후 서울 독립영화제에서 최우수 작품상을, 그리고 다음해 전주 국제영화제에서 관객 평론상까지 받는 등 큰 반응을 얻었다.

하지만 〈진실의 문〉이 성공했다고 해서 '진실의 문'이 열리는 것은 아니었다. 김훈 중위 사건은 다시 암연으로 빠져들었다. 그렇게 모두가 다시 침체기로 빠질 무렵, 다행히 2006년 대통령소속 군 의문사 진상규명위원회가 만들어졌고, 김훈 중위 사건에 대해 재조사가 시작되었다.

하지만 정권이 바뀌면서 위원회의 폐지나 축소가 거론됐다. 사건 조사에 집중해야 할 조사관들은 뒤숭숭한 분위기에 휩싸이는 것처럼 보였다. 특히 김훈 중위 사건에 대해 국방부에서 파견 나온 법무관이 조사에 참여하면서 사건은 다른 방향으로 굴러가기 시작했다.

이 미세한 변화에 김훈 중위의 아버지는 불안해했다. 그러면서 조사관들을 자주 만나 사건에 대해 설명했고, 거의 대부분 그 자리에 나를 불렀다. 아버지는 카메라로 조사관들과의 대화를 녹화해주길 부탁했다.

위원회의 조사 완료 시간이 다가올수록 김훈 중위 아버지의 목소리는 큰 소리로 변해갔다. 원래 김훈 중위 아버지는 다른 사람에게 폐를 끼치는 것을 극히 싫어하는 사람이고 목소리도 굉장히 나긋한 사람이었는데, 과격할 정도로 조사관들을 질타하는 상황이 점점 많아졌다. 그럴 때 카메라를 쥐고 있던 나는 그 방에서 도망가 버리고 싶었다.

그러한 고민들이 몇 개월째 지속되는 가운데 군 의문사 진상규명위원회의 최종 조사 결과를 발표하는 날짜가 다가오고 있었다. 뭔가 심상찮은 느낌은 있었지만 그래도 국방부가 내렸던 결론처럼 얼토당토않은 내용은 아니겠지 했다.

위원회는 최종 발표일 이틀 전인 10월 19일, 중간 발표를 하겠다고 유족에게 갑작스럽게 통보했다. 위원회의 일처리 방식이 이해되지 않았지만 유족은 따를 수밖에 없었다. 그리고 진실을 알고 싶어 하는 사람들과 함께 나 역시 촬영감독을 데리고 함께 갔다.

예정된 시간이 되어 발표문을 들고 들어온 검찰 출신 조사과장은 촬영 카메라를 보고 갑자기 과민반응을 보였다.

"카메라 꺼주세요. 이 상태로는 발표할 수 없습니다."

11년 전 미군이 유족 앞에서 수사 발표를 하면서 카메라를 꺼 달라고 요구하던 자료 화면이 머릿속에 떠올랐다. 당연히 거친 항의가 따랐다. 김훈 중위 아버지는 '여기가 무슨 군사 시설도 아닌데 왜 촬영을 막느냐'며 항의했다. 하지만 카메라를 끄라고 소리 지르며 방을 나가 버린 담당 과장은 돌아오지 않았다. 한참 뒤, 카메라를 끄겠다고 굴복한(?) 유족의 말에 그는 다시 돌아왔다. 그리고 3년을 기다려온 조사 결과를 읽어 내려갔다.

위원회가 3년에 가까운 긴 시간 동안 조사한 결과는 실망스러움 그 자체였다. 간단히 요약하자면, 국방부의 자살 주장이 설득력이 없다는 것은 인정하지만 유족이 주장하는 타살설도 명확한 증거를 찾을 수 없으니 사건의 진실을 규명할 수 없다는 결론이었다. 의문사 이유를 찾아야 할 군 의문사 진상규명위원회가 나도 모르겠다며 책임을 회피해버린 것이다.

김훈 중위의 아버지는 벽을 치면서 소리 질렀다. 그리고 그날, 이상하게 회의실 벽에 걸려 있던 시계의 초침이 제대로 돌아가지 않고 한 순간에 머물러 있었다. 10년이 넘는 세월 동안 김훈의 유족에게 시간은 1998년 2월 24일, 아들이 죽었던 그 순간에 고정되어 있을지 모른다는 생각이 들었다. 그날의 기억은, 그래서 나에게 큰 절망을 확인하는 쓴 기억으로 남아 있다.

그렇게 여러 가지 우여곡절 끝에 완성된 다큐 영화 〈사랑할 수 없는 시간〉은 2011년 5월에 열린 전주 국제영화제에서 처음 상영되었다. 영화가 끝나고 상영관을 가득 메워준 관객들 앞에 연출자인 나와 작품 출연자들이 마이크를 잡고 섰다. 그 자리에서 이 책의 지은이 고상만은 '이 영화를 본 관객들에게 바라는 점'을 묻는 사회자의 질문에 이렇게 답했다.

"제가 여러분들에게 바라는 것은 하나입니다. 기억해주십시오. 우리는 끝까지 싸울 것입니다. 다만, 여러분들도 함께 김훈을 기억해주십시오. 그것이 제가 바라는 일입니다. 이러한 기억이 바로 민주주의와 우리의 인권을 지키는 힘이 될 것입니다."

지은이 고상만이 이 책을 쓴 이유도 바로 이것이 아닐까? 그렇기에 이 책은 인권운동가 고상만이 바라본 아직도 해결되지 않고 있는 김훈 중위 사건에 대한 총체적인 기록이자 도저히 '사랑할 수 없는' 이 시대에 대한 또 다른 형태의 인권 에세이다. 그 가치를 위해 인권운동가 고상만은 계속 싸우고 기록할 것이라 믿는다.

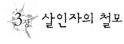 **3장 살인자의 철모**

 법정에 진실을 묻다

1장

김훈 중위
241GP 3번 벙커에서 숨지다

한 발의 총소리

"국방부는 1998년 2월 24일 낮 12시 30분경, 판문점 공동경비구역

241GP 3번 벙커에서 김훈 중위가 권총으로 머리를 쏴 현장에서 숨졌

으며, 유엔군 사령부가 정확한 자살 동기를 조사하고 있다고 말했다."

2011년 4월 29일. 전주 국제영화제 두 번째 날 공식 상영작으로 뽑힌 영화 〈사랑할 수 없는 시간〉(감독 김희철)이 스크린을 가득 채웠다. 잠시 동안의 어둠, 그리고 기억은 이때로부터 13년 전 벌어진 한 사건에 대해 영화관을 가득 채운 관객에게 이야기하기 시작했다.

1998년 2월 24일 그날, 그러니까 15대 대통령 선거에서 당선된 김대중 대통령 취임식 하루 전날, 판문점 공동경비구역 241GP 3번 벙커에서 울린 한 발의 총소리로부터 이야기는 시작되었다.

국방부는 1998년 2월 24일 낮 12시 30분께, 판문점 공동경비구역 안에 있는 최전방 관측소에서 경비대대 소대장 김훈 중위가 자살했다고 밝혔다. 국방부는 '김 중위가 권총으로 머리를 쏴 현장에서 숨졌으며, 현재 유엔군 사령부가 정확한 자살 동기를 조사하고 있다'고 말했다. 이와 관련해 판문점 공동경비구역을 관할하고 있는 유엔군 사령부는, 육군 장교 한 명이 숨졌다는 보고를 받고 경비병들을 상대로 정확한 경위를 조사 중이라며, 그러나 이번 사건이 비무장지대 내 어떠한 적대적인 행위와도 관련된

것은 아니라고 밝혔다. –1998년 2월 24일. 연합뉴스

이 뉴스에 크게 관심을 기울인 사람은 없었다. 고작해야 사건이 벌어진 지역이 판문점이라는 것, 그리고 육사 출신의 청년 장교가 권총으로 자살했다는 점에 대해 조금 특이하게 생각했을 정도였다. 하지만 이 사건의 파장은 놀라웠다. 무엇보다 그동안 우리 사회에 분명히 있어 왔지만 쉬쉬해왔던 군대 내 사망 의혹 사건들을 사회적으로 다시 비춰보는 계기가 되었다.

또한 김훈 중위의 사망 원인에 대한 진실을 파헤치는 과정에서 드러난 판문점 경비대대 소속 부소대장의 남북을 넘나든, 이른바 '적과의 내통'은 많은 국민에게 충격을 주었다. 그리고 영화 〈공동경비구역 JSA〉의 모티브가 되기도 했다.

사건이 일어나고 10개월 뒤인 1998년 12월 초. 김대중 대통령은 언론과 국민들 사이에서 김훈 중위에 대한 자·타살 논쟁이 걷잡을 수 없이 퍼져 나가자 국방부에 특별 지시를 내리게 된다. 그것이 바로 〈판문점 김훈 중위 사망 의혹 진상규명을 위한 국방부 특별합동조사단〉(이하 특조단. 특조단에 대해서는 뒤에 자세히 나온다)'의 구성이었다. 이를 통해 국민들이 갖고 있는 의혹을 규명하도록 한 것이다.

하지만 사람들이 잘 모르는 사이, 1999년 4월 14일 국방부 특조단은 김훈 중위의 사망 원인에 대해 다시 한 번 자살로 발표했다.

그러나 논란은 끝나지 않았다. 왜 특조단은 아무도 수긍하지 못하는 결론을 내렸을까? 그리고 그로부터 다시 13년이 지난 지금까지도 여전히 계속되고 있는 판문점 김훈 중위 사망 의혹 논쟁. 과연 김훈 중위의 죽음을 둘러싸고 벌어지고 있는 자·타살 논쟁의 진실은 무엇일까?

김훈 중위 동생,
천주교 인권위원회를 찾아오다

1998년 5월 15일, 서울 명동성당 옆 가톨릭회관 3층에 자리한 천주교 인권위원회(이하 천주교 인권위) 사무실로 한 청년이 찾아왔다. 당시 나는 천주교 인권위 상임 활동가로 일하고 있었다. 어떻게 찾아왔냐는 물음에 그는 '동네 미장원에서 머리를 깎다가 형 이야기를 하자 아줌마가 이곳을 찾아가 도움을 요청해보라고 했다'는 다소 뜻밖의 대답을 했다.

그는 육사 출신의 초급 장교였던 자신의 형이 판문점 공동경비구역 안에 있는 241GP 벙커 안에서 죽은 채 발견되었는데, 자살이라는 국방부의 발표와 달리 가족들에게는 풀리지 않는 의문이 많다고 했다. 하지만 유족의 힘만으로는 너무나 힘들어 도움을 요청하고 싶다고 했다. 그러나 처음 보는 20대 초반의 청년 말만 듣고 무엇을 판단하기는 무척 어려웠다. 그래서 우리는 부모님을 만나 더 구체적인 내용을 알고 싶다고 했다.

그로부터 3일이 지난 5월 18일, 김훈 중위의 아버지 김척 씨가 천주교 인권위를 찾아왔다. 이때 아버지는 사건 당시 사용된 것과 똑같은 모형 권총까지 가지고 와서 직접 여러 가지 정황을 세세하게 설명해주었다. 그리고 이를 통해 우리는 유족이 제기하는 여러 의혹이 무리하지 않다고 생각했다. 그리고 국방부의 충분한 설명이 더 필요하다는 유족의 의견에 생각을 같이했다.

한편, 김훈 중위 사망 의혹 사건이 언론 보도를 통해 많은 이들에게 알려진 뒤 적지 않은 사람들이 천주교 인권위가 이 사건에 깊숙이 개입하게 된 까닭을 김훈 중위 아버지가 별 세 개의 육군 중장 출신이기 때문이 아니냐며 묻곤 했다. 하지만 그것은 오해였다. 우리가 김훈 중위의 아버지가 군 장성 출신이라는 사실을 안 것은 인권위에서 조사하기로 결정한 뒤의 일이다. 그때까지만 해도 김훈

중위 아버지 김척 장군은 자신이 평생을 바쳐 사랑한 군에 피해를 입힐까 걱정이 되어 자신의 신분을 숨기고 싶어 했기 때문이다. 그래서 처음 우리는 이 사건을 문화방송의 PD수첩에 제보하려고 했지만 김훈 중위 아버지의 반대로 포기하기도 했다.

당시만 해도 김훈 중위의 아버지는 아들의 죽음이 의혹으로 남게 된 이유에 대해 잘못 생각하고 있었다. 그는 군 전체의 문제가 아니라 이 사건을 담당한 극히 일부의 군 수사 관계자가 무능하거나 오해해서 일어난 잘못이라고 생각했다. 그리고 이 같은 일부의 잘못으로 자신의 모든 것을 다 바친 대한민국 군대 전체가 국민들에게 매도당하지나 않을까 걱정했다.

하지만 김척 장군이 군에 대한 자신의 사랑이 짝사랑이었음을 깨닫는 데는 그리 긴 시간이 필요하지 않았다. 그렇게 육사 선배, 후배, 동기들이 수뇌부를 장악하고 있는 군으로부터 철저히 버림받은 아버지의 상처를 곁에서 지켜보는 것은 또 다른 참담함이었다.

영원한 청년 장교, 김훈

김훈은 문제의 공동경비구역 경비대대 2소대장으로 전입한 뒤 한 달 반 만에 의문의 죽음을 당하게 된다. 그리고 아버지의 뒤를 이어 훌륭한 군인이 되고자 육사에 들어갔던 김훈은 이때부터 마마보이였다는 국방부 특조단의 조롱 속에 부끄러운 군인으로 만들어졌다.

1973년 8월 4일. 김훈은 당시 육사 출신의 대위였던 아버지 김척과 어머니 신선범 사이에서 2남 가운데 맏아들로 태어났다. 군인이었던 아버지의 근무지를 따라 자주 이사해야 했던 김훈의 어린 시절은 늘 최전방 부대 안의 관사 생활이었다. 그러다보니 딱딱한 병영 생활에서 귀엽고 똑똑한 김훈은 자연스레 병사들의 마스코트가 되었고, 이런 어린 시절의 경험으로 김훈 역시 군인으로서 살아가는 모습에 익숙했다고 한다.

강원도 고성군 명월리라는 최전방 마을에서 초등학교에 들어간 김훈은, 그 뒤 교육을 위해 서울로 가게 된다. 서울에서 김훈은 여의도 중학교와 고등학교를 다녔다. 친구들 말에 따르면 학창시절 김훈은 공부를 잘했을 뿐 아니라 달리기와 스케이트를 비롯해 스포츠를 무척 좋아하는 학생이었다고 한다.

1992년, 김훈은 여의도 고등학교를 졸업한 뒤 육군사관학교에 들어갔다. 이에 대해 국방부 특조단은 '김훈이 자신의 적성과 상관없이 극성스러운 부모의 강요에 따라 육사로 진학했고, 이것도 자살의 한 원인이 되었다'고 공식 수사 결과에서 밝히기도 했다. 하지만 이것은 사실이 아니었다. 김훈이 육사 진학의 뜻을 밝힌 것은 고 3 때였는데, 특조단의 주장과 달리 김훈이 육사로 진학하는 것을 반대한 사람은 오히려 가족들이었다.

37년이라는 긴 세월을 군인으로서, 그리고 그 군인의 아내로 살아가면서 그 길이 얼마나 어렵고 힘든 것인지 잘 알고 있었기에 아버지와 어머니는 모두 김훈이 육사보다는 일반 대학에 진학한 뒤 국제 변호사가 되는 것을 바랐다. 하지만 다음해인 1992년 3월, 김훈은 전체 입교생 가운데 30등으로 육군사관학교에 입학했다.

어릴 때부터
군인이 되고 싶어 했던 김훈

김훈이 자신의 진로를 스스로 선택했음은 그가 육사 입교 때 직접 쓴 신상기록에서도 확인된다. 김훈은 '어려서부터 부모님을 따라 이사 다니면서 아버지 직업이 어떠하다는 것을 조금씩 알게 되었고, 어렸을 때부터 아버지의 모습이 내 마음에 자리 잡아 군인이 되고 싶어 육사에 왔다' 라고 적었다.

이 같은 사실은 김훈과 함께 여의도 중학교와 고등학교를 6년이

나 함께 다녔던 동창생들의 증언에서도 확인되는데, 다음은 김훈이 죽은 뒤 사건의 진실을 알리기 위해 가족들이 만든 진상규명 홈페이지 '진실의 문(www.truthgate.com)'에 동창생 최경훈이 남긴 글이다.

"훈이는 중학교 때나 고등학교 때나 성격이 조용하고 차분했습니다. 또한 의로운 편이었습니다. 그래서 반에서 어떤 약한 아이의 편을 들어주다가 싸움이 일어날 뻔한 일도 있습니다. 훈이는 상당히 가치관이 바르고 불의를 보면 못 참는 성격이었습니다. 특히 육사 진학 후 2년이 지날 때쯤 우연히 만난 적이 있는데, 그때 제가 '육사 어때? 힘들지 않니?'라고 물으니 '아니! 나한테 딱 맞아. 정말 좋아.'라고 했던 기억이 새롭습니다. 그런 훈이가 자살했다니 정말 믿어지지 않습니다."

이후 김훈은 1996년 3월, 전체 234명 가운데 71등이라는 비교적 우수한 성적으로 육사 52기를 졸업한 뒤 소위로 임관하게 된다. 그 뒤 김훈은 뛰어난 업무 능력을 인정받아 20사단장 표창을 받는가 하면, 소령 이하 육해공군 장교를 대상으로 하는 AGOS(空地합동작전) 교육에서 1등을 차지하기도 했다.

그러던 김훈이 문제의 공동경비구역 경비대대 2소대장으로 전입한 때는 육해공군 대령 이하 장교를 대상으로 하는 육군 정보학교 군사 영어 교육반에 들어가 138명의 입교 동기생 가운데 17등으로 수료한 직후인 1998년 1월 8일이었다.

　하지만 자신이 꼭 가고 싶어 자원했던 그곳에서 김훈은 한 달 반 만에 의문의 죽음과 마주하게 된다. 그리고 아버지의 뒤를 이어 훌륭한 군인이 되고자 육사에 들어갔던 김훈은 이때부터 마마보이였다는 국방부 특조단의 조롱 속에 부끄러운 군인으로 만들어졌다. 나아가 37년 동안 나름의 방식으로 나라와 군을 위해 살아온 아버지 김척 예비역 중장은 특조단 단장으로부터 '죽을 때까지 홀로 진상규명을 외치다 비참하게 생을 마감할 사람'이라는 저주 서린 말까지 들어야 했다. 누구도 예견하지 못한 비극의 시작이었다.

자살, 그리고 불편한 자세

김훈 중위가 의문의 죽음을 당한 지 약 두 달이 지난 1998년 4월 29일. 미 범죄수사단과 한국군 1군단 헌병대 수사팀은 김훈 중위 유

족과 국방부 관계자, 기자단이 참관한 가운데 1군단 헌병대 사무실에서 김훈 중위 사건에 대한 1차 수사 결과를 발표했다.

결론은 '김훈 중위는 자살했다, 다만 그 동기는 분명하게 밝히지는 못했으나 부대원들의 알리바이는 모두 확인되었다' 는 것이 핵심이었다. 즉, 원인은 알 수 없으나 자살은 틀림없고, 자살의 방법으로는 '김훈 중위가 오른손으로 오른쪽 관자놀이에 자신에게 지급된 권총을 밀착시킨 뒤, 왼손을 이마 앞으로 뻗어 권총을 감싼 채 스스로 발사했다' 는 것이 모두였다.

유족은 반발했다. 가장 의문스러운 점은 부자연스러운 격발 자세에 대한 논란이었다. 보통 자살자의 경우, 가장 편안하고 자연스러운 자세로 최후를 맞이하는 것이 일반적이다. 그러나 수사팀의 발표대로 한다면 인체 구조상 도저히 취하기 어려운 불안하고 어정쩡한 자세로 김훈 중위는 자살했다.

무엇보다 유일하게 화약흔(방아쇠를 당긴 손이나 옷에 묻는 화약 흔적)이 나온 왼쪽 손바닥과 달리 막상 방아쇠를 당겼다는 오른손에서는 화약흔이 전혀 나오지 않았다. 결국 1군단 헌병대의 1차 수사 결과 발표는 오직 김훈 중위가 자살했다는 결론을 내리기 위해 그 정황을 '만든 것' 말고는 확인할 수 있는 진실은 찾아보기 어려웠다.

김훈 중위 사건이 벌어진 곳이 미군의 관할 지역인 판문점 공동경비구역 안이다 보니 사실 사건 초기부터 진실을 밝히는 데 많은 어려움이 있었다. 유족과 천주교 인권위가 진상규명에 꼭 필요한 자료를 요청해도 군 수사팀은 아무런 성의도 보이지 않다가 거세게 항의하면 '미군 관할 지역 안의 미군 소유라 제출이 안 된다'며 간단하게 거절했다. 유족의 사건 현장 방문 요청에 대해서도 군 수사팀은 미군의 반대를 이유로 거부했다. 결국 유족의 현장 방문은 끝내 이뤄지지 못했다.

군 수사팀의 이러한 행태는 한미 주둔군 지위협정의 불합리한 규정을 악용해 유족의 껄끄러운 요구를 거부하는 데 활용하는 것으로밖에 보이지 않았다. 그렇기에 유족의 반발은 당연한 것이었다.

1차 수사 결과에 대한 유족의 강력한 반발과, 시사저널을 비롯해 부실 수사를 문제 삼는 여러 언론의 보도가 뒤따르자 국방부는 유족의 재수사 요구를 순순히 받아들였다. 하지만 재수사는 형식적인 행위라는 것이 금방 드러났다. 재수사는 무성의하기 짝이 없었으며 어떤 진척도 없이 그저 시간만 흘러갔다. 이처럼 수사가 제자리걸음 상태에 빠지면서 유족을 비롯한 우리의 참을성도 한계에 이르기 시작했다.

그날 아침, 공동경비구역
241GP 3번 벙커에서는 무슨 일이 있었나?

그날, 240GP(사건이 벌어진 241GP에서 약 150미터 떨어진 곳)에서 경계 근무를 서고 있던 두 병사는 한 발의 총소리를 듣는다. 그런데 이후 이들은 군 수사기관으로부터 총소리를 듣지 못했다는 각서를 요구받는다.

사건의 진실을 확인하기 위해 1998년 2월 24일 사건 현장인 공동경비구역 241GP로 되돌아가보자. 먼저 한 가지 염두에 둘 것은 지금부터 확인하는 기록은 1999년 4월 14일 국방부 특별합동조사단 즉, 특조단이 국회 국방위원회 소위원회에서 일방적으로 발표한 김훈 중위 사건 조사 결과를 바탕으로 재구성한 것이며, 이를 반박하는 여러 증언과 자료를 기초로 한다는 점이다.

김훈 중위의 행적

판문점 공동경비구역 경비대대 2소대 소대장 고 김훈 중위. 그의 죽음에 얽힌 의혹의 진실은 무엇일까? 그는 정말 국방부의 주장처럼 자살한 것일까? 아니면 가족들이 주장하는 것처럼 타살 뒤 은폐되고 있는 것일까?

1998년 2월 24일. 김훈 중위는 사건이 있었던 그날 새벽부터 무척 바쁘게 움직인 것으로 확인된다. 1999년 4월 14일 국방부 특조단의 수사 결과 공식 발표에 따르면, 김훈 중위는 그날 새벽 5시 45분경 일어나 5시 50분부터 6시 40분까지 북측을 관찰하기 위해 설치된 벙커로 전원 투입된 병사들의 근무 상황을 순찰했다. 이어 아침 9시부터 10시 사이 241GP를 방문할 예정이었던 VIP(미군 장성 진급자 10명)를 위해 병사들에게 두 차례 GP를 청소시킨 뒤 VIP들이 사용할 망원경을 설치하기도 했다.

그러나 VIP 방문 계획은 취소되었고, 김훈 중위는 소대장실에서 10시 15분경 운전병으로부터 운행 신고를 받는다. 그리고 10시 35분경 식당에서 병장 김 아무개를 비롯한 몇 명의 병사들과 함께 약간의 라면을 먹은 것으로 확인된다.

잠시 뒤, 김훈 중위는 VIP들의 북한 관측을 위해 3번 고가 초소에 가져다 놓았던 포대경과 망원경을 다시 제자리에 옮겨놓으라고 근무병들에게 지시했다. 10시 55분, 소대장 지시 사항을 이행하기 위해 3번 고가 초소에 갔던 일병 박 아무개의 어깨에 메어 있던 쌍안경을 받아든 김훈 중위는 이를 식당에 가져다 놓았다고 한다.

그 뒤 소대장실로 들어간 김훈 중위가 다시 밖으로 나간 시각은 오전 11시 30분경이다. 이것은 그때 김훈 중위와 함께 소대장실에 있으면서 컴퓨터로 워드 작업을 했다고 주장하는 K부소대장의 증언이다.

한편, 소대장실을 나온 김훈 중위의 행적이 다시 확인된 것은 상황실에 근무했던 상병 박 아무개를 비롯한 몇몇 병사에 의해서였다. 이들은 11시 40분쯤 상황실로 들어온 김훈 중위와 약 5분 동안 업무와 관련한 이야기를 나누었다고 한다.

다시 11시 50분경, 화장실을 가려던 상병 박 아무개는 상황실 바로 옆방에서 수색 정찰 계획서를 확인하고 있던 김훈 중위를 보았다. 그리고 잠시 뒤 김훈 중위가 방 뒤쪽의 쪽문을 통해 밖으로 나가는 것을 보았다고 한다. 특조단 수사 결과에 따르면 박 아무개 상병은 살아있는 김훈 중위를 마지막으로 본 목격자였다.

그로부터 약 30분 뒤인 12시 20분경. 박 상병이 본 문을 통해 나간 김훈 중위는 죽은 채 발견되었다. 그곳은 박 상병이 본 지점에서 일부러 한참을 돌아가야 하는 3번 벙커 안이었다. 그곳에서 김훈 중위는 관자놀이에 총상을 입은 채 주저앉은 모습으로, 식사 인사를 하기 위해 찾아다니던 한 소대원에 의해 발견되었다. 이것이 특조단이 발표한 김훈 중위의 사건 당일 행적이다.

특조단의 발표와 달리 유족이 주장하는 사건 당일 김훈 중위의 행적은 차이가 있다. 예를 들어 김훈 중위가 낮 12시 20분경까지 살아 있었다고 하는 특조단의 주장과 달리, 김훈 중위는 이미 그보다 훨씬 앞서 죽었을 가능성이 있다는 것이 유족의 주장이다. 그러한 증거로 유족은 사건이 벌어진 날 오전 10시경부터 사고 부대인 241GP에서 약 150미터 떨어진 240GP에서 경계 근무를 선 두 명의 병사로부터 받은 제보를 근거로 들고 있다.

이들의 제보에 따르면, 12시가 채 되지 않았을 때 241GP(김훈 중위가 죽은 채 발견된 곳) 쪽에서 한 발의 총소리가 났으며, 이를 곧바로 관할 부대에 알렸다는 것이다. 그뒤 이들 병사들은 자신들이 들은 총소리가 241GP에서 일어난 오발 사고 때문이었다는 설명을 들었다고 한다. 하지만 분명한 사실은 그날 241GP에서 오발 사고는 없었다.

그런데 그 뒤부터 이들은 총소리를 들은 것 때문에 생각지도 못한 일을 당하게 된다. 1998년 12월경(사건 발생 약 10개월 뒤), 특조단 수사관 2명이 찾아왔던 것이다. 제보자들의 주장에 따르면 수사관들은 그날 총소리를 듣지 못했다는 각서를 요구했다고 한다. 그리고 이 사실을 외부에 알리지 않겠다는 각서도 쓸 것을 요구받았는데, 군인 신분에 매여 있는 상황이었기 때문에 쓸 수밖에 없었다고 고백했다.

총소리에 대한 의혹은 그뿐이 아니었다. 당시 연합사 상황 일지에도 의문의 총소리에 대한 기록이 있다. 이에 대해 유족은 특조단에 확인을 요구했으나 받아들여지지 않았다. 이처럼 김훈 중위 사망 사건은 수사를 하면 할수록 의혹이 규명되는 것이 아니라 또 다른 의혹이 더 늘어날 뿐이었다.

사건 발생 2시간 만에 자살로 처리된
청년 장교의 죽음

국방부는 수사를 시작하지도 않은 시점에서 이미 김훈 중위의 사인을
자살로 단정했고, 그렇기에 이후 수사 역시 자살의 예단에서 벗어날
수 없었다. 사정이 이러했으니 제대로 된 수사를 기대하는 것은 처음부
터 무리였다.

국방부 수사팀은 사건 발생 약 두 달 뒤인 1998년 4월 29일, 1차 수사 결과 발표를 통해 '김훈 중위가 자신에게 지급된 권총으로 원인은 알 수 없지만 3번 벙커에서 12시에서 12시 20분 사이에 자살했다'고 밝혔다.

하지만 국방부 수사팀은 자살이라고 주장은 했지만 합리적으로 뒷받침할 수 있는 증거는 내놓지 못했다. 그렇다보니 시간이 지날수록 기초적인 초동수사조차 엉망이었음이 조금씩 밝혀지기 시작했다. 그러나 더 큰 문제는 의혹을 갖고 있는 유족을 바라보는 군 수사팀 관계자들의 잘못된 태도였다.

사람 목숨에 대한 비뚤어진 시각

국방부가 군대 내 사망 사건을 어떻게 바라보는지에 대해 잘 말해주는 사례가 있다. 1998년 9월, 김훈 중위 유족의 노력으로 천주교 인권위가 재미 법의학자인 노여수 박사를 초청해 국내에서 처음으로 '군대 내 의문사 진실규명을 위한 법의학적 공개 토론회'를 열었다(노여수 박사와 이 공개 토론회에 대해서는 뒤에 자세히 나온다).

이때 천주교 인권위에서는 김훈 중위 사건에 관여한 군 수사 책임자들에게 공개 토론회에 참석해주기를 요청하는 공문을 보냈다. 자살로 결론 내린 군 전문가들과 타살로 의심하는 민간 법의학 권위자들의 자유로운 토론을 통해 진실에 한 발짝이라도 더 다가가보자는 간절한 생각에서였다.

그때 참석 의사를 확인하기 위해 국방부에 전화를 건 나는 국방부 고위 장성의 참모라는 어떤 대령의 말을 잊을 수가 없다. 내가 정중하게 공개 토론회 참석 여부를 확인하자 그는 대뜸 이렇게 말했다.

"그깟 장교 하나 죽은 게 뭐 그리 대단한 일이라고 60만 대군의 명예를 훼손하려 하세요? 전쟁이 나면 장군도 팡팡 나가떨어져 죽는 마당에…. 거 쓸데없는 일 그만하세요."

그는 자기가 하고 싶은 말만 속사포처럼 쏟아내고는 거칠게 전화를 끊어버렸다. 대령쯤 되는 고위 장교가 한 말이라고는 믿을 수 없을 정도로 천박함이 넘쳐흘렀다. 그것이 김훈 중위의 죽음을 바라보는 국방부의 시각이라는 생각이 들었다.

또 하나 기억에 남는 일은 어떤 천주교 군종신부와의 전화였다. 김훈 중위 사건에 대한 의혹이 불거지면서 언론사마다 도배하다시피 기사를 쏟아내던 1998년 12월 어느 날이다. 당시 천주교 인권위에는 김훈 중위 사건과 비슷한 의혹을 가진 군대 내 사망 사건 피해자 가족들의 민원이 엄청나게 몰려들고 있었다.

그렇게 날마다 수십 건의 군 의문사 사건이 접수되고 있던 어느 날, 아주 점잖은 중년 남자에게서 전화가 걸려왔다. 전방 부대 소속의 군종신부라고 자신을 밝힌 그는, 자신의 부대에서도 여러 사망 사건이 있었다며 말을 꺼냈다. 그러면서 '고생이 많다', '좋은 일 한다'는 등 신부님다운 격려의 말을 했다. 나 또한 신부님의 격려 이야기를 고맙게 생각하며 듣고 있었는데 상식 밖의 말을 시작한 것은 의례적인 인사가 끝난 직후였다.

"다 좋은데 일은 가려서 해야지요."라며 포문을 열기 시작하더니 '부모들이 애새끼들을 나약하게 키워 툭하면 자살하게 해놓고는 뭘 잘했다고 부대까지 찾아와서 항의를 하는지 한심스럽다'며 거침없이 폭언을 하기 시작했다. 차마 그대로 옮겨 적을 수 없을 수준의 폭언이었다. 듣다 보니 화가 나기 시작했다. 나는 고함을 치고 말았다.

"당신, 신부 사칭해서 전화하는 거지? 당신 같은 사람이 신부일 리가 없어. 한 번만 더 전화해서 헛소리하면 가만두지 않을 거야!"

나는 지금도 그가 신부님이 아닐 것이라고 믿고 있다. 그리고 아니기를 바란다.

수사를 시작하기도 전에
자살로 발표한 국방부

군대에서 사망 사건이 벌어질 경우 군이 보여주는 대응 방식은 김훈 중위 사건에서도 예외가 아니었다. 김훈 중위가 숨진 채 발견된 지 겨우 2시간 만에 국방부는 사망 원인을 자살이라고 단정해 보도자료를 배포한 것이다. 이에 유족이 항의하자 보도자료를 배포한 것은 자신들이 아니라 미군이 한 일이라고 둘러댔다.

하지만 2009년 12월 31일 업무 종료한 대통령소속 군 의문사 진상규명위원회의 조사 결과에 따르면 국방부의 주장은 거짓으로 확인되었다. 사건 현장에 수사관이 도착하기도 전에 국방부는 김훈 중위의 사인을 자살로 발표했던 것이다.

즉, 수사를 시작하지도 않은 시점에서 군은 이미 김훈 중위의 사인을 자살로 단정했고, 그렇기에 이후 수사 역시 이미 발표했던 자살의 예단에서 벗어날 수 없었던 것이다. 사정이 이러했으니 제대로 된 수사를 기대하는 것은 처음부터 무리였다.

현장에서 발견된 권총과
근접사의 흔적

국방부는 김훈 중위가 권총을 머리에 바짝 댄 뒤 쏘아 자살한 전형적인 '밀접사'라고 밝혔다. 하지만 밀접사인 경우 총구가 밀착된 피부가 뜨거운 열에 의해 동그란 모양의 화상 흔적을 남기는데 김훈 중위의 경우에는 이 같은 흔적이 없었다.

국방부의 초기 수사가 엉망이었다는 것은 수없이 많이 드러났는데, 그 가운데 하나가 김훈 중위가 죽었을 때 현장에서 발견된 권총의 진짜 주인이 누구인가에 대한 논란이었다. 국방부는 김훈 중위가 자신에게 지급된 권총으로 자살했다고 발표했다.

우리 역시 현장에서 발견된 권총이 김훈 중위의 것이라고 생각했다. 군 수사 당국이 그 정도의 기초적인 사실이야 확인했을 것이라고 생각했기 때문이었다. 하지만 놀랍게도 그 권총은 김훈 중위의 것이 아니었다. 이 사실을 알려준 사람은 지금도 누군지 알 수 없는 이름 모를 양심적 제보자였다.

권총의 번호를 잘 보세요

1998년 8월 말, 당시 서울역 근처에서 약국을 하고 있던 김훈 중위의 이모가 단서를 얻었다. 늦은 시각, 손님도 뜸해 문을 닫으려고 하는데 군복을 입은 한 병사가 들어왔다. 달라는 약을 건네주고 돈을 받으려는데 갑자기 그 병사는 "권총의 번호를 잘 보세요." 라는 말을 남긴 뒤 황급히 사라졌다고 한다.

이모로부터 이 이야기를 전해들은 유족들은 혹시나 하는 마음에 현장에서 발견된 권총의 총기 번호를 확인했다고 한다. 결과는 놀라웠다. 김훈 중위의 권총이라고 믿었던 현장의 권총은 김훈 중위의 것이 아니었다. 유족들은 당시 사건의 진실을 밝히기 위해 도와주고 있던 천주교 인권위 소속 이덕우 변호사와 함께 군 수사 책임자를 찾아갔다.

현장에서 발견된 권총이 누구 것이냐는 유족의 물음에 군 수사 책임자는 놀랍다는 표정으로 "김훈 중위에게 지급된 권총입니다." 라고 대답했다. 이에 유족들은 김훈 중위의 총기 카드에 적힌 권총 번호를 확인시킨 뒤 현장에서 발견된 권총 번호와 맞는지 확인해보라고 했다. 잠시 뒤 권총 번호가 다르다는 사실을 알게 된 수사 책임자는 한동안 말이 없었다.

그 뒤 그 책임자는 '충격적이다. 당연히 김훈 중위의 권총인 줄 알고 번호를 확인해보지 않았다'고 답했다고 한다. 그러다가 나중에 국방부는, 사고가 일어난 그날 김훈 중위는 자신의 권총이 고장나 다른 사람의 총을 빌려 사용하다가 그 총으로 자살한 것이라고 말을 바꿨다.

자살과 밀접사, 그리고 근접사

이뿐만이 아니었다. 군 수사팀은 1998년 4월 29일 1차 수사 결과 발표에서 김훈 중위가 권총을 머리에 바짝 댄 뒤 쏘아 자살한 '밀접사(머리에 총구를 밀착시킨 뒤 쏘는 것으로, 일반적인 권총 자살의 경우가 여기에 속한다)'라고 밝혔다. 그러나 재미 법의학자인 노여수 박사는 총알이 뚫고 간 곳에 매연이 묻지 않았고, 또 밀접사인 경우 총구가 밀착된 피부가 뜨거운 열에 의해 동그란 모양의 화상 흔적을 남기는데, 김훈 중위의 경우 이 같은 흔적이 없어 총을 머리에 꽉 붙인 채 쏜 밀접사가 아니라 총구가 머리에서 약간 떨어진 상태에서 쏜 '근접사'라고 반박했다.

그러자 군 수사팀은 1998년 11월 27일 있었던 2차 수사 결과 발표에서 과학적 설득력이 떨어지는 자신들의 밀접사 주장을 총구가 머리에서 1, 2인치 떨어진 상태에서 쏜 근접사로 바꾸지 않을 수 없었다(그런데 훗날 특조단 수사 결과 발표에서는 다시 밀접사라고 바꾸었다). 군 수사가 처음부터 엉망이었음을 스스로 드러냈던 것이다.

유족을 비롯한 우리로서는 과연 군 수사팀이 이 사건의 진실을 밝혀낼 의지가 있는지 의심스럽지 않을 수 없었다.

자살이 아닌 11가지 이유

"김훈 중위는 권총 자살의 일반적인 위치인 오른쪽 측두부에 총알을 맞았다. 그러나 총상 입구와 머리 속에 생긴 총알의 진행 방향은 일반적인 권총 자살 때 생기는 총상의 특성과 일치하지 않는다."

유족과 국방부 사이에서 치열한 진실 공방이 벌어지고 있던 1998년 9월경, 김훈 중위 사건에 중대한 변화가 일어났다. 앞서 말한 재미 법의학자인 노여수 박사의 새로운 법의학적 소견이 있었기 때문이다.

서울대 의대를 졸업한 뒤 미국으로 이민 가 뉴욕주 법의학연구소에서 총기 사고로 숨진 이들을 부검하는 전문 법의학자가 된 노여수 박사는 30년 동안 8천여 건에 이르는 사체를 부검했고, 무엇보다 권총 자살과 타살 사건에 대한 시신 1천여 구를 부검한 경험이 있는 뛰어난 법의학자였다.

김훈 중위 사건에 노여수 박사가 관여하게 된 데는 알려지지 않은 이야기가 있다. 처음 노여수 박사에게 법의학적 감정을 의뢰한 사람은 미국에 살고 있던 김훈 중위의 또 다른 이모였다.

1998년 7월 어느 날, 당시 미국에 살고 있던 김훈 중위의 이모는 지역 한인 신문을 읽다가 갑자기 눈이 커졌다. 우리나라에서 이민 간 한인 여학생이 3급 살인죄로 기소되었다가 무죄로 풀려났다는 기사였다.

사건은 19살의 여학생이 아기를 낳은 것에서 시작되었다. 미혼의 어린 여학생은 임신 사실을 가족들에게 숨겼고, 결국 갑작스러운 진통 끝에 집에서 아이를 낳고 말았다. 그런데 불행하게도 가족들이 이 사실을 알았을 때는 이미 아기가 숨진 뒤였다.

신고를 받고 현장에 도착한 수사관은 아기가 태어났을 때 숨을 쉬고 있었냐고 물었고, 혼란스러운 상태에서 여학생은 '그렇다'고 대답했다. 수사관들은 태어날 때 숨을 쉬고 있던 아기가 태어난 뒤 적절한 조치를 받지 못해 숨진 것으로 결론내리고 여학생을 3급 살인죄로 기소했다.

엎친 데 덮친 격으로 딸이 구속까지 되자 여학생의 부모는 같은 한국인이면서 뉴욕주 법의학자로 있던 노여수 박사에게 도움을 청했다. 노 박사는 법의학적 근거를 통해 여학생의 기억과 달리 사실은 태아가 태어나기 전에 이미 숨졌다는 것을 밝혀냈고, 여학생은 무죄로 풀려날 수 있었다. 이것이 이모가 본 기사 내용이었다. 마침 조카 김훈의 사망 원인을 둘러싸고 법의학적 공방이 치열한 상태였는데, 이모로서는 그야말로 실력 있는 한국계 법의학자를 알게 되었다는 사실에 흥분했다고 한다.

한편, 노여수 박사 역시 김훈 중위 사건에 관여하게 된 계기가 남달랐다고 한다. 어느 날 집으로 전화 한 통이 왔다는 것이다. 한국에서 죽은 김훈 중위의 이모라며 자신을 소개한 여자는 다짜고짜 부검 관련 자료를 보내줄 테니 자살인지 타살인지 밝혀 달라고 요청했다고 한다. 처음에는 그렇고 그런 사건이겠지 싶어 연락을 받고도 별반 관심을 두지 않았다고 한다. 그러나 워낙 간곡하게 도움을 청하는지라 차마 거절하기 어려워 자료나 한 번 보내보라고 했다고 한다.

그 뒤 자료를 더 요청한 사람은 이모가 아닌 노여수 박사였다. 노여수 박사는 이모가 보내온 자료를 확인하면서 자신의 법의학적 지식과 경험을 통해 김훈 중위는 자살이 아닌 타살이라는 확신을 가지게 되었다. 그는 그 근거를 다음과 같이 밝히고 있다.

김훈 중위 타살 근거 11가지

…중략… 김훈 중위의 죽음은 다음에 열거하는 여러 이유들 때문에 '자살을 위해 본인이 직접 가한 총상의 결과가 아니다' 라는 것이 뉴욕주 의료 면허를 가진 의사로서, 그리고 미국 공인 해부 병리학, 임상 병리학, 법의학 전문의로서 충분한 의학적, 과학적 확신을 가지고 내리는 나의 소견이다.

1.우울증의 증거 없음

보통 자살하려는 사람들은 우울증 병력이나 개인 신상 문제 또는 금전 문제 등을 가지고 있다. 그들은 종종 약물을 이용한 의사의 치료를 받고 있거나, 손목 베기나 약물 과다 복용 등의 자살 시도 경력을 가지고 있기도 하고, 다른 사람들에게 자살하려는 생각을 나타내기도 한다. 김훈 중위에게서는 이처럼 자살을 하려고 했거나 우울증의 병력에 대한 아무런 증거가 없다.

2.자살 쪽지

자살한 사람들의 25%에서 35%는 자살하기 전에 자살 쪽지를 남긴다. 이번 사건에는 자살 쪽지가 발견되지 않았다.

3.발사된 탄환 잔여물(화약흔)이 총을 쥐고 있었다고 판단되는 오른쪽 손에서 발견되지 않았다. 시발 물질 잔여 분석(primer residue analysis)은, 시체의 오른쪽 손에서 시발 물질인 바륨이나 안티몬을 발견하지 못했고, 그것은 김훈 중위가 방아쇠를 당기지 않았음을 의미한다. 왼쪽 손에 잔여물(화약흔)이 묻어 있는 것은 단순히 왼쪽 손이 권총의 발사선상에 인접한 위치에 있었음을 나타낼 뿐이다.

4.총에서 지문이 발견되지 않았음

만약 김훈 중위가 왼쪽 손으로 총을 쥐고 있었다면 지문이나 손바닥 자국이 총에 남아 있어야만 한다. 하지만 이번 사건에는 아무것도 발견되지 않았다. 그것은 김훈 중위가 손으로 권총을 쥐고 있지 않았다는 것을 말해준다(노여수 박사의 이러한 소견처럼 사건 당시 현장에 출동했던 '미 육군 범죄수사연구소' 역시 수사 결과 보고서에 '왼손에만 화약이 검출된 것으로 보아 스스로 쏘았다고 단정해서는 안 됨' 이라고 밝혀둔 바 있다. 다시 말해, 방아쇠를 당겼다는 김훈 중위의 오른손에서 화약흔이 나오지 않았기 때문에 자살했다고 잘라 말해서는 안 된다는 내용이었으나 자살 결론을 내린 국방부 수사팀에서 이 중요한 의견은 모두 무시되었다).

5.시체와 권총 발견 위치와의 상관관계

베레타(Beretta) 9mm 권총은 김훈 중위 오른쪽 발로부터 50cm 떨어진 곳에서 발견되었다. 만약에 김훈 중위가 선 자세로 자살을 했고, 자살 후 앉은 자세로 되어 버렸다면 권총은 김 중위의 무릎 위나 넓적다리 근처에서 발견되어야만 했다. 권총이 시체에서 떨어진 곳에서 발견된 것은 발사 후 갖다 놓여진 것을 의미한다.

6. 사망 시각

알아볼 수 있을 정도로 분간이 가능한 라면과 밥이 위에 남아 있었다는 것은, 음식을 먹은 지 약 1시간에서 2시간 뒤에 사건이 일어났다는 것을 뜻하며, 이것은 위 공복 시간에 의해 알 수 있다(이것은 설명이 필요한데, 김훈 중위는 사건 당일 평상시처럼 아침 7시경 식사를 했다. 그런데 보통 4시간 정도 지나면 위 안의 음식물은 완전히 소화되는데 부검한 김훈 중위의 위에서는 밥알이 발견되었다. 만약 군 당국의 발표처럼 김훈 중위가 낮 12시 20분경 죽었다면 아침 식사 후 무려 5시간이 넘는 시간이기에 그때까지 밥알이 남아 있을 수 없다는 법의학적 의문을 제기한 것이다. 다시 말해 노여수 박사는 군 수사기관이 주장한 시간 이전에 김훈 중위가 죽었을 가능성을 제기한 것이며, 그렇다면 군이 발표한 이후의 사건 경위는 모두 조작되었다는 것을 뜻한다).

7. 총열 안에 묻은 피

총열 안쪽 7cm에서 핏자국이 발견됐다는 것은 총상으로 인해 피가 튀겼음을 말해준다. 만약 이것이 국방부 주장대로 밀착 총상에 의한 것이라면, 총을 쏠 때의 후풍효과(blow back effect) 때문에 당연히 피와 살점의 흔적이 총열 밖에 묻어 있어야 했다.

8.오른쪽 손의 찰과상

오른쪽 손등에 2.5cm x 1.5cm 크기의 찰과상이 있었다. 이것은 김훈 중위가 몸부림을 치고 있었다는 증거일 수 있다.

9.두정부에 나타난 타박상

두정부(parietal region)의 상반부 가운데 피하조직에서 6cm x 4.8cm 크기의 혈종이 발견되었다. 이것은 머리가 둔탁한 물건으로 심하게 얻어맞았다는 것을 의미한다. 이런 종류의 상처는 뇌진탕과 함께 즉시 의식을 잃게 할 수 있다.

10.총알의 진행 방향 각도

권총으로 자살하기 위해 머리에 쐈을 때 총알의 진행 방향은 언제나 위쪽과 뒤쪽을 향한다. 그런데 이번 사건에서 총알의 진행 방향은 아래쪽으로(김훈 중위의 전체 신장을 기준으로 했을 때 170cm 지점에서 168cm지점으로), 그리고 약간 앞쪽을 향했다(쉽게 말하면, 자살자가 스스로 방아쇠를 당겼다면 총알이 나오는 사출구는 인체 구조상 총알이 들어간 사입구보다 높고 뒤쪽인 머리 뒤통수 쪽으로 빠져 나가는데, 김훈 중위는 이와 달리 거의 직각 방향의 사입구보다 오히려 2cm 아래로 사출구가 만들어졌다. 노 박사는 이 문제를 말하고 있는 것이다).

11.화상과 총구 자국 없음

총상 입구 주변에 화약으로 점을 찍은 것과 같은 검은 반점들의 모습 또는 화염의 축적에 대한 증거가 없다. 또 피부에 화상과 총구 자국의 증거가 없는데, 이것은 총상이 밀착 총상(tight contact wound)이 아니라 근접 총상(close contact wound)임을 의미하며 자살에 의한 총상과는 상반된다.

〈결론〉

김훈 중위는 몸부림 중에 오른쪽 손에 찰과상을 입고, 머리 위를 얻어맞았다는 것이 나의 견해이다. 김훈 중위는 뇌진탕으로 의식을 잃었고, 권총 자살의 일반적인 위치인 오른쪽 측두부에 총알을 맞았다. 그러나 총상 입구와 머리 속에 생긴 총알의 진행 방향은 권총 자살 때 생기는 총상의 특성과는 일치하지 않는다. 우울증을 겪지 않았다는 점, 이전에 자살을 시도한 적이 없다는 점, 권총에 지문이 묻어 있지 않았다는 점, 자살 쪽지가 없었다는 점, 총을 쏜 손에 발사된 탄환 잔여물이 남아 있지 않았다는 점 등은 더욱 더 자살에 의한 죽음이 아니었음을 뒷받침해준다.

−루이스 S 노 박사 소견서(1998. 7월 작성)

우리는 새롭게 제기된 김훈 중위 사망 사건의 의혹을 밝혀내고자 1998년 9월 3일 가톨릭회관 3층 강당에서 '군대 내 의문사 진상규명을 위한 법의학적 공개 토론회'를 열었다. 이 자리에서 노여수 박사와 서울대 의대 이윤성, 고려대 의대 황적준 박사를 비롯해 국내 법의학자들 사이에서 김훈 중위 사망 원인에 대한 진지한 토론이 벌어졌다.

무엇보다 노 박사는 토론회에서 지난날 자신이 경험했던 여러 가지 유형의 권총 사망 사건의 부검 슬라이드 필름까지 가져와 상세한 설명을 해주며 왜 김훈 중위가 타살되었다고 생각하는지 잘 설명해주었다. 반면 국내 법의학자들은 국내에서 권총 사건이 거의 없었기 때문에 직접 사건을 다뤄본 적이 없다며, 다만 법의학 책에 나온 사례 가운데 근접사이면서 자살인 사례를 설명해 달라고 요구할 뿐이었다.

이에 대해 노여수 박사는 작은 권총의 경우는 가능하겠지만, 김훈 중위 사건에 사용된 M9 베레타는 무척 큰 권총이라 스스로 쏜다고 했을 때 인체 구조상 김훈 중위를 사망케 한 총알의 각도가 나올 수 없다며 모형 권총을 가지고 설명하기도 했다(신동아 1999년 1월호,

정희상 기자의 '특종, 판문점 김훈 중위 사건 9개월 추적기'에서 인용함).

그 뒤 1998년 9월 10일, 서울방송 시사 프로그램인 〈그것이 알고 싶다〉는 노여수 박사의 타살 소견을 바탕으로 김훈 중위 타살 의혹을 보도했다. 마침내 국민들 속에서 김훈 중위의 죽음에 대한 의혹이 속삭여지기 시작했다. 우리는 이 같은 변화에 발맞추어 국방부에 성의 있는 재수사를 촉구했다. 그러나 국방부의 입장은 전혀 바뀌지 않았다. 충분히 검토해볼 만한, 만에 하나라도 있을 타살 의혹에 대해 조사하는 것이 마땅한데도 국방부는 납득할 만한 이유도 없이 노여수 박사의 주장을 수사 자료로 삼지 않았고, 자살이라는 기존의 수사 결과를 고집할 뿐이었다.

마침내 국회가 관심을 갖다

이때 새롭게 시작된 것이 바로 국회 국방위원회를 통한 진상규명 작업이었다. 노여수 박사가 이 사건에 법의학적 생명을 불어넣어 재조사의 실마리를 만들어주었다면 정치적인 생명력을 불어넣어 준 사람은 당시 한나라당 소속의 하경근 의원과 이 사건에 심혈을 기울인 정태용 보좌관이었다. 이들이 아니었다면 김훈 중위 사건 또한 여느 사건처럼 군 의문사를 절규하는 유족의 외침으로만 남고 말았을 것이다. 그만큼 이들의 관심은 무척 큰 의미를 가지고 있었다.

난관에 부딪힌 김훈 중위 사망 사건과 관련해 더 이상 국방부에 기대할 것은 없었고, 그러한 회의감을 국방부가 지속적으로 확인시켜 주고 있을 때, 우리는 당시 국회 국방위원회 위원장과 상임위원회 소속 국회의원 20명에게 〈그것이 알고 싶다〉 방영 비디오테이프를 보냈다. 그리고 김훈 중위의 사인 규명을 위해 국회 국방위원회가 적극적으로 나서줄 것을 간곡하게 요청했다.

1998년 10월 중순. 마침내 하경근 의원이 관심을 보였다. 그리하여 국회 국방위원회 산하에 하경근 의원을 소위원장으로 하는 '김훈 중위와 김현욱 해군 하사 의문사 진상파악을 위한 소위원회(이하 '국회 소위원회')'가 구성되었다. 그리고 김훈 중위 사건에 대한 국방부의 2차 수사 결과가 발표된 11월 27일, 또다시 자살로 최종 결론 발표가 있던 바로 그날부터 국회 소위원회는 본격적인 활동을 시작했다.

2장

은폐와 왜곡, 그리고 거짓말

적과의 동침, 충격적 폭로

김훈 중위 부대의 분대장이었던 K병장은 사건 발생 직후 증인으로 나와 당시 김훈 소대의 부소대장이었던 K부사관이 근무 도중 북한군과 접촉하기 위해 여러 차례 휴전선을 넘나들었다고 폭로했다.

1998년 12월 3일. 대한민국의 모든 신문과 방송은 이른바 '적과의 내통'이라는 제목으로 공동경비구역 내 K부소대장의 충격적인 비밀을 대대적으로 보도했다. 그만큼 국회 군 의문사 진상규명 소위원회에 참고인으로 나온 예비역 K병장의 증언을 통해 드러난 사실은 충격적이었다. 죽은 김훈 중위 부대의 분대장이었던 K병장은 사건 발생 직후 김훈 중위가 발견된 문제의 3번 벙커 앞에서 보초를 선 병사이기도 했다.

K병장은 국회 소위원회에 증인으로 나와 당시 김훈 소대의 부소대장이었던 K부사관이 공동경비구역 근무 도중 북한군과 접촉하기 위해 여러 차례 휴전선을 넘나들었다고 폭로했다. 구체적으로 밝힌 경위는 참으로 놀라웠다.

K병장의 증언에 따르면, K부소대장이 찾아갔던 북한군 초소는 판문점에서 약 80미터 떨어진 곳에 있는 북쪽 2번 초소였다. 북한 초소를 찾아가기 전 K부소대장은 구내식당에서 돼지고기를 볶아 가곤 했는데, 처음에는 소대원들에게 주려고 하는가 보다 생각했다고 한다. 하지만 K부소대장은 돼지고기 볶음을 일간 신문지에

싸서 북한군 초소로 가져갔고, 서너 시간 뒤 잔뜩 취한 상태로 종종 돌아왔다고 증언했다.

그렇다면 K부소대장은 어떻게 이처럼 여러 차례 북한군 초소를 몰래 갔다 올 수 있었을까? K부소대장은 판문점에서 북쪽 초소로 넘어갈 때 근무 중인 소대원에게 지시해 미리 감시 카메라를 돌려 놓도록 했고, 돌아올 때 역시 같은 방법으로 약속된 시간에 맞춰 감시 카메라를 돌려놓게 했다고 K병장은 증언했다. 이 같은 방법으로 K부소대장의 은밀한 적과의 내통이 이뤄졌던 것이다.

'적과의 내통' 행위에 대해 해당 소대원들은 왜 입을 닫았을까? 그리고 K병장이 국회에서 이런 사실을 폭로하기 전까지 판문점 공동경비구역 부대 지휘관들은 정말 이 사실을 몰랐던 것일까?

그런데 소대원들의 이야기는 더욱 놀라웠다. K부소대장이 휴전선을 넘나드는 것에 대해 소대원 대부분은 범죄라고 생각하지 않았다고 한다. 오히려 일부 병사들은 K부소대장을 고맙게 생각하기까지 했다고 한다. 그 까닭은 근무를 서다가 북한 물품을 습득해 신고할 경우 특박(특별 외박) 같은 포상이 주어지는 공동경비구역의 특성 때문이었다.

북한군 초소에 갔다 온 K부소대장은 그곳에서 얻어온 독일제 약과 흑맥주 같은 물품을 소대원들에게 나누어 주었다. 그리고 소대원들은 그런 물건들을 근무 도중 습득했다며 신고해 포상 휴가를 즐기는 달콤함에 익숙해져 있었다. 하지만 그렇다고 해도 이 같은 중대한 범죄가 그토록 오랫동안 저질러져 왔다는 것은 아무래도 뭔가 이상했다.

비밀은 더 깊숙이 있었다. 놀랍게도 공동경비구역 안에서 근무하는 병사들의 경우, 북한군과의 접촉이나 대화, 물품 교환, 선물 받기 따위는 별반 새삼스러운 것이 아니었던 것이다. 그것이 K부소대장의 이른바 '적과의 내통'을 가능하게 했던 진짜 이유였다. 즉, K부소대장 말고 다른 소대원들 역시 북한군에게 선물을 받거나 담배를 바꾸는 일 따위가 예사로 있었고, 이 때문에 소대원들은 K부소대장과 관련한 진실을 모두 말하기 어려웠다고 주장했다. 실제로 1999년 4월 14일 국방부 특조단은 'K부소대장 말고도 24명의 공동경비구역 전·현직 병사들이 북한 적공조와 접촉한 사실을 확인했다'는 수사 결과를 발표하기도 했다.

김훈 중위 사건이 세상 사람들의 관심으로 떠올랐던 그 당시, 묘하게도 남북 대치 상황에서 남북한 군인들이 휴전선을 넘나든다는 내용의 영화가 만들어져 화제가 되기도 했다. 영화 〈공동경비구역 JSA〉가 바로 그 영화다. 많은 화제가 되었던 이 영화를 본 뒤 관객들은 잊혔던 김훈 중위 사망 사건에 대해 관심을 갖게 되었다며 김훈 중위 홈페이지를 찾아와 글을 남기곤 했다.

한편, 영화 〈공동경비구역 JSA〉는 김훈 중위 사건에 대한 또 다른 생명력을 불어넣어 주었다. 비록 영화 스토리와 실제 김훈 중위 사건의 전개 과정은 달랐지만 관객들은 이른바 휴전선을 넘나든다는 상황 설정과, 한 병사의 죽음을 두고 그 진실을 추적해가는 과정을 보며 자연스레 김훈 중위 사망 의혹 사건을 떠올렸다고 한다.

무엇을 위한
특별합동조사단인가?

김대중 대통령이 김훈 중위 사건의 진실을 밝히기 위해 특별합동조사단을 구성해 다시 조사하라고 한 것은 사실이지만, 그 뜻은 많은 국민들이 '잘못 알고 있는 타살 의혹'에 대해 정확하게 '해명'하라는 지시였다. 이 지시에 담긴 뜻을 잘 헤아린 국방부와 특별합동조사단은 모든 능력을 동원해 김훈 중위 사건을 자살로 몰아가기 시작했다.

K부소대장의 충격적인 휴전선 월경 사실이 폭로되면서 언론은 날마다 판문점 기강 문란을 보도하기 시작했다. 그리고 남북을 넘나들던 사건 당사자인 K부소대장이 그동안 자살인지 타살인지 논란이 된 김훈 중위 소대의 부소대장이라는 사실이 밝혀지자 언론은 아무것도 확인되지 않은 상태에서 K부소대장을 타살 용의자로 기사를 써 나가기 시작했다.

확인되지 않은 사실이 보도되기도 했고, 일부 신문에서는 아예 K부소대장의 실명과 사진을 공개하며 그를 이 사건의 유력한 용의자로 만들기도 했다. 언론은 하루가 다르게 K부소대장을 범인으로 만들고 있었고, 김훈 중위는 타살된 것이 거의 확실한 것처럼 되어 갔다. 이러한 언론 보도로 김훈 중위 사망 사건에 대한 의혹은 걷잡을 수 없이 커지고 말았다.

그러자 발등에 불이 떨어진 것은 국방부였다. 그리하여 앞서 언급했듯이 1998년 12월 9일, 김대중 대통령은 국방부에 특별 지시를 내린다. 특별합동조사단을 구성해 이 사건에 대해 처음부터 다시 수사하라는 것이었다. 국방부 창군 이래 군대 내 사망 의혹 사건과 관련해 사상 유래가 없는 조처였다. 당시 천용택 국방부장관은 국회 답변을 통해 '유가족과 언론이 제기하는 모든 의혹에 대해 철저히 수사하겠다'고 밝히면서, 동시에 '1980년 이후 군내 내 의문사에 대해서도 모두 수사하겠다'며 의지를 보였다.

이제야말로 모든 의혹이 속 시원하게 밝혀질 수 있을 것이라는 기대감으로 우리는 출렁거렸다. 그리고 한 해 300여 건에 달하는 군대 내 사망 사건 희생자 가족들도 제 자식의, 제 형제의 사망 원인을 밝혀낼 수 있는 기회가 될 수 있을 것이라는 기대와 희망으로 벅찬 가슴을 주체하지 못했다. 천주교 인권위에도 날마다 갖가지 서러운 사연들이 몰려들어 왔다. 정말 믿을 수 없는 환희였고, 국민의 정부임을 실감할 수 있는 시간이었다. 하지만 그러한 기대가 헛된 것이었음을 알게 되는 데는 겨우 한 달도 걸리지 않았다.

자살로 몰아가기 위한 특별합동조사?

김대중 정부와 국방부, 더 좁게는 특별합동조사단 즉, '특조단'에 걸었던 우리의 기대는 순진했다. 그토록 목말라하며 기대했던 김대중 정부, 이른바 국민의 정부에서는 옛날과 달리 뒤틀린 진실이 밝혀질 것이라 믿었는데 그것은 어리석음이었고 큰 슬픔이었다.

고백하건대, 1997년 대선 당시 나는 '민주주의 민족통일 전국연합(이하 전국연합)'에서 일하고 있었다. 당시 전국연합은 '국민승리21(지금의 민주노동당)' 권영길 후보를 지지하고 있었는데, 나는 한 달에 30만 원 받던 활동비 모두를 권영길 후보 대통령 선거 비용으로 내기도 했다. 결혼해 아들을 두고 있는 처지였는데도, 활동비 전부를 선거 비용으로 지원하고도 나는 투표 당일 국민승리21 투표 참관인으로 오전과 오후, 두 번을 참여했다. 투표 참관인을 하루에 두 번이나 한 것은 그렇게 해서 받는 수당을 선거 과정에서 진 빚을 갚도록 국민승리21에 전하기 위한 선의의 위법이었다.

그런데 이처럼 나름대로 권영길 후보의 승리를 위해 열성적으로 선거에 참여하고, 그 표를 도둑맞지 않기 위해 투표 참관인으로 참여했던 내가, 막상 기표소에 들어가 찍은 후보는 권영길이 아닌 김대중이었다.

나는 특조단에 대한 믿음이 무너지면서 나의 부끄러운 선택을 처음으로 후회했다. 더구나 김대중 대통령이 특조단을 구성하도록 한 배경도 우리가 믿었던 사실과 달랐음을 알고 난 뒤 나만의 짝사랑은 더욱 부끄러웠다.

김대중 대통령이 이 사건의 진실을 밝히기 위해 특조단을 구성해 다시 조사하라고 한 것은 사실이지만, 그 뜻은 많은 국민들이

'잘못 알고 있는 타살 의혹'에 대해 정확하게 '해명' 하라는 지시였다. 군 통수권자인 김대중 대통령 처지에서는 군을 믿어야 했을 것이다. 하지만 그것은 정말 큰 차이였다. 그리고 그러한 지시에 담긴 뜻을 잘 헤아린 국방부와 특별합동조사단의 능력으로 김훈 중위 사망 사건은 거침없이 그들이 내린 결론을 위한 항해를 시작했다. 특조단 출범 뒤 그들이 한 일들이 무엇인가를 살펴보면 쉽게 확인할 수 있다.

먼저 특조단은 김훈 중위 사망 사건에 대해 유족이 제기하는 모든 의혹을 남김없이 철저하게 조사할 것이며, 이 과정에서 민간 자문위원까지 여러 명 포함시켜 공개적이고 투명하게 조사하고, 1980년 이후 군대 내 사망 의혹 사건에 대해서도 철저히 규명해내겠다고 선언했다. 그러나 특조단은 이 같은 약속을 단 한 가지도 지키지 않았다.

약속을 지키기는커녕, 특조단 핵심 관계자들은 조사의 주체로서 가져야 할 중립성과 객관성마저 지키지 않았다. 특히 당시 특조단장은 조사에서 중요한 영향력을 행사하는 핵심 인물이었는데도 여러 차례에 걸쳐 중립성과 객관성을 의심받을 만한 말과 행동을 했다. 김훈 중위 아버지 김척을 비롯한 유족에 대해, 공개적인 자리에서 '김훈 중위 가정은 김훈이 자살할 수밖에 없는 환경'이라는 따위의 차마 입에 담기 힘든 말을 하기도 했다. 무엇보다 1999년 1월 10일 특조단장실에서 이덕우 변호사와 함께 들었던 그의 황당한 말은 잊히지 않는다.

당시 특조단은 약속대로 천주교 인권위원회에서 추천한 민간 자문위원들을 특조단에 포함시켰는데(특조단 민간 자문위원에 대한 이야기는 뒤에 자세히 나온다), 특조단 자문위원 자격으로 나와 이덕우 변호사가 김훈 중위 사건의 자료를 보기 위해 특조단을 방문했을 때였다. 특조단장은 자료 검토 전 차나 한잔 마시자고 했다. 그러더니 사건과 관련한 조사의 어려움을 이야기하다가 엉뚱하게 타살 흔적을 찾기 어렵다고 도와 달라는 말을 했다. 그러다가 불쑥 김훈 중위 진상파악을 위한 국회 소위원회 하경근 위원장을 비롯해 몇몇 국회의원들을 빗대어 "(김훈 중위 사망 사건에 대해) 옳다구나 하고 덥석 물었다가 개망신당하게 생겼지."라고 하는 것이었다.

너무나 당혹스럽지 않을 수 없었다. 특조단장이 우리를 어떻게 보았기에 그런 말을 해도 된다고 생각했는지, 그리고 이제 막 조사에 착수한 특조단의 단장 입에서 왜 그러한 말이 나오게 된 것인지 나는 그 이유를 알 수 없었다. 더구나 아직 조사 초기인 상황에서 '개망신'이라는 표현까지 쓰며 국회 소위원회 위원장까지 비난한 것은 김훈 중위의 사망 원인을 이미 자살로 확신한다는 뜻으로밖에 풀이되지 않았다. 특조단장의 그러한 생각에 대해 가만히 있으면 동의하는 것으로 해석될 여지가 있을 것 같아 나는 강하게 따져 물었다.

"뭐가 개망신이라는 말입니까? 그 의도가 무엇입니까? 아직 조사가 끝나지도 않은 상황에서 그런 말씀을 하시면 됩니까?"

육군 중장인 자신에게 감히 그렇게 반박할 줄 몰랐을까? 그는 잠시 당황해하더니 답은 피한 채 "개망신이지, 개망신." 하며 말끝을 흐렸다. 그러고는 더 이상 입을 열지 않았다.

회유와 협박을 일삼은 특조단

김훈 중위 사건 취재 기자에 대한 협박, 회유, 폭언 따위로 가면 특조단의 행태는 더욱 가관이었다. 당시 시사저널 기자였던 정희상이 쓴 특조단 관련 기사는 차라리 사실이 아니기를 바랄 정도였다.

김훈 중위 사건 초기부터 이 사건의 진실을 밝히기 위해 애썼던

정희상 기자의 증언에 따르면, 1999년 1월 13일 오후, 정 기자는 1시간 30분 동안 특조단장과 단둘이 만났다고 한다. 그 자리에서 정 기자는 특조단장으로부터 '언론과 국회, 인권단체를 내 편으로 만들고, 김척 장군 부부만 남아 평생 진상규명에 매달리도록 할 자신이 있다'는 말을 들었다고 한다. 또한 특조단 수사에서 유족을 제외시킨 뒤, 국방부 쪽 법의학자들의 토론을 통해 이 사건에 대한 결론을 내리는 것으로 사건을 마무리하겠다는 말도 들었다고 증언했다.

더 놀라운 것은 그 다음이었다. 유족 입장에 서서 진상규명을 돕는 사람들에 대해서는 뒷조사를 할 것이라는 말이었다. 정 기자는 그 말을 듣는 순간 소름이 끼쳤다고 한다.

나아가 특조단장은 정 기자에게 '아직 (당신에 대한) 뒷조사는 하지 않았지만 유족의 말만 듣고 계속 타살 의혹과 관련한 소설을 쓰면 뒷조사를 할 수도 있다. 특조단에 들어오면 자문위원 자리를 마련해주고 보수도 줄 테니 회사에 사표 쓰고 같이 일하자. 당신, 국회와 김척 이야기만 듣고 소설 썼던데, 법정을 조심하라'는 말로 마무리했다고 한다.

정희상 기자는 특조단의 조사 결과 발표가 있은 뒤 이 같은 사실을 1999년 4월 21일 시사저널 '의혹 남긴, 그 수사에 그 결론'이란 기사에서 자세히 밝힌 바 있다. 이처럼 특조단은 공정한 수사를 해야 할 책임자로서의 자격을 스스로 걷어차 버렸고, 이것은 특조단을 더욱 불신하는 계기가 되었다.

법의학자 공개 토론회,
다수결로 결론 내리다

권총 사망 사건을 수없이 다뤄본 재미 법의학자 노여수 박사의 견해는, 권총 사망 사건을 전혀 다뤄 본 적이 없는 국방부 쪽 추천 법의학자들에 의해 일방적으로 매도되고 말았다. 그리고 세계에서 유래가 없는 다수결 방식으로 김훈 중위에 대한 자살 결론이 내려졌다.

1998년 12월 28일, 특조단은 사건의 공정성과 전문성을 확보한다는 차원에서 앞서 말한 것처럼 특조단 안에 유족의 입장을 대신 말해줄 '민간 자문위원단'을 구성하는데, 이들 위원을 천주교 인권위 쪽에서 추천해 달라는 공문을 보내왔다. 천주교 인권위는 오랜 논의 끝에 민간 자문위원을 특조단에 참여시키기로 하고, 다만 세 가지 조건을 먼저 받아들인다는 것을 보장해 달라고 요구했다.

첫째는 사건 수사 기록 모두를 볼 수 있게 해 달라는 것이었고, 두 번째는 참고인 조사 때 참관과 함께 추가 질문을 허용하고, 세 번째는 자문위원 위촉 수를 10명으로 늘려 달라는 것이었다. 껍데기뿐인 특조단의 들러리로 전락할 가능성을 미리 막고자 나름대로 고민 끝에 내린 요구였다.

특조단은 우리의 요구를 흔쾌히 받아들였다. 그러나 이 요구 가운데 최종적으로 특조단이 지킨 약속은 자문위원 수를 10명으로 늘린 것 말고는 아무것도 없었다.

나는 특조단의 자문위원 자격으로 수사 기록을 보기 위해 1999년 1월 10일 특조단 사무실을 찾아갔다. 하지만 특조단 쪽에서는 이미 자료로서 가치가 없어진 1차 수사 기록 가운데 극히 일부만을 보여 주었다. 3차 수사가 진행 중인 상황에서 자료로서 가치가 없어진 기존 수사 기록은 볼 필요 없다며 현재 진행 중인 3차 수사 기록을 보여 달라고 요청했지만 특조단은 1차 수사 기록만을 건네준 뒤 내 요구를 무시한 채 문을 닫고 나가 버렸다.

걱정은 현실이 되고 있었다. 말만 자문위원이었지 특조단은 우리가 원하는 자료를 주지도 않았고, 형식적인 자문조차 구한 적이 단 한 번도 없었다. 그들이 필요했던 것은 인권단체의 자문이 아니라 공정성을 주시하고 있던 언론을 대상으로 인권단체도 자문위원으로 위촉했다는 명분이었던 것이다.

심지어 특조단은 1999년 1월 15일 용산 전쟁기념관에서 열렸던 법의학자 공개 토론회(이 공개 토론회는 1998년 9월 유족과 천주교 인권위 주최로 열렸던 공개 토론회와 달리 특조단이 주최한 공개 토론회로, 유족과 천주교 인권위에서는 토론자로 재미 법의학자 노여수 박사를 추천했다)의 참석자 명단이나 진행 계획표 같은 사소한 정보조차 주지 않았다. 우리는 이것을 단순한 실수라고 생각할 수 없었다. 그리고 그것은 사실이었다.

특조단은 우리의 귀와 눈을 막은 상태에서 토론회를 열었고, 결국 자신들이 일방적으로 뽑은 법의학자들의 수적 우위를 이용해 김훈 중위가 자살한 것으로 결론지었다. 이에 대해 항의하며 허울뿐인 자문위원직을 사퇴하겠다고 성명서를 낭독하자 특조단장은 군인들을 동원해 나를 강제로 들어낸 뒤 토론회를 진행했다. 그날의 분노는 그 어떤 말로도 표현할 수 없다.

특조단의 공정성과 투명성을 의심하게 된 이유는 여러 가지가 있지만 결정적인 계기는 따로 있었다. 특조단은 유족과 천주교 인권위 추천으로 토론회에 참석한 재미 법의학자 노여수 박사가 한국에 입국한 첫날부터 그를 우리와 유족으로부터 떼어 놓았다. 유족이 노여수 박사를 만나려하자 특조단은 입국 직후 가진 기자회견장에서 노여수 박사를 빼돌린 뒤 그가 있는 곳을 알려주지조차 않았다.

이에 대해 항의하자 특조단은 어처구니없는 답변을 내놓았다. '당신들이 노여수 박사를 테러한 뒤 그것을 특조단이 한 것이라고 주장하면 어떻게 하느냐' 는 것이었다. 그들은 유족이 노여수 박사의 음식에 독약을 넣거나 몽둥이로 내려친 뒤 그것을 국방부가 한 것이라고 주장할지 모른다는 말도 곁들였다. 특조단이 김훈 중위 유족과 인권단체를 어떻게 생각하고 대해왔는지 분명하게 드러나는 순간이었다.

진상규명의 한 축인 우리에 대한 특조단의 방해는 이뿐만이 아니었다. 노여수 박사가 입국한 첫날인 1월 13일, 앞에서 말한 것처럼 특조단은 우리와 노여수 박사의 만남을 막기 위해 기자회견장에도 참석할 수 없도록 노여수 박사를 빼돌렸다. 뒤늦게 뒤통수를 맞은 사실을 안 우리는 '애초 유족은 몰라도 자문위원으로 추천된 사람들은 자유롭게 만날 수 있게 하겠다고 약속하지 않았냐'며 특조단에게 거세게 항의했다. 그러나 특조단 고위 관계자는 '억울하면 언론에 대고 말하라'는 한마디를 남긴 채 일방적으로 전화를 끊었다. 그날의 참담함과 황당함은 말로 표현할 수 없을 지경이었다.

특조단의 노여수 박사 빼돌리기

특조단의 횡포 속에서도 우리는 어떻게 해서든 노여수 박사를 만나는 것이 중요하다고 생각해서 노 박사와의 면담을 줄기차게 요구했다. 하지만 특조단은 쉬고 싶다는 노 박사의 요구에 따라 서울 근교로 나가 쉬게 하고 있다는 말로 우리의 요구를 무시했고, 이에 우리는 '노 박사가 직접 우리에게 이야기한다면 그 말을 믿겠다'는 말로 하루 종일 항의와 애원을 거듭해야 했다.

그렇게 하루가 다 지날 무렵, 마침내 노 박사의 경호원과 간신히 통화가 이루어졌다. 하지만 특조단에서 붙여준 경호원이라는 사람은 '지금 노 박사가 주무시고 있기 때문에 통화할 수 없다'며 일방적으로 전화를 끊었다. 물론 나중에 노 박사를 만나 확인한 결과 이들의 말은 모두 거짓이었다.

노여수 박사의 주장에 따르면 한국 입국 뒤 특조단이 국내에 친척이나 가족이 있느냐고 물었다고 한다. 이에 경기도 인근에 어머니가 살고 있다고 하자 "그럼 어머니도 좀 만나고 쉬면서 토론회 준비나 하시죠."라고 하더니 애초 우리와 특조단이 합의했던 노 박사의 숙소인 이태원의 모 호텔을 떠났다는 것이다. 그 뒤 노 박사는 특조단의 요구에 따라 반강제적으로 따라다녀야 했고, 투숙 과정에서도 자신의 이름이 아닌 다른 사람의 이름으로 숙박 기록을 적는 이상한 일을 겪었다고 했다.

우리는 이 문제를 그대로 넘길 수 없다며 흥분했지만 노 박사는 '나를 초청한 곳이 특조단이고, 초청 비용 역시 그쪽에서 대는 것이니 여러분들의 요구보다 초청자인 특조단의 일정을 따르는 것이 공적으로 옳다. 그러니 그동안의 일은 문제 삼지 말았으면 좋겠다'고 했다. 분통이 터졌지만 노 박사의 입장을 고려해 우리는 더 이상

이 문제를 거론하지 않기로 했다.

그렇다면 우리는 왜 그토록 노 박사와 만나기 위해 노력했던 것일까? 김훈 중위 타살 의혹을 제기하는 노 박사에게 어떤 외압이 가해지지 않을까 하는 걱정 때문이었다.

당신의 말 한마디에
대한민국이 걸려 있다?

1999년 1월 14일 저녁, 공개 토론회가 열리기 바로 전날, 노 박사는 일정에 없던 특조단장과 갑자기 면담을 하게 되었다고 한다. 이것은 우리와 한 약속을 어기는 것이었다. 특조단장은 유족과 노 박사의 면담을 거부하면서 자신 역시 공정성을 확보하기 위해 오해를 살 만한 행동은 하지 않겠다며 노 박사를 만나지 않을 것이라고 공개적으로 말해왔기 때문이다. 그런데 왜 약속을 어기고 노 박사를 몰래 만난 것일까?

노 박사는 이날 면담에서 특조단장으로부터 "말씀을 잘 하셔야 합니다. 노 박사님 한마디에 대한민국이 걸려 있습니다."는 말을 들었다고 한다. 이 말을 들은 노 박사는 상당히 큰 압박감을 느꼈다고 한다. 유일한 타살 소견 입장을 가진 자신에게 법의학자 토론회를 하루 앞두고 특조단장이 한 이야기는 도덕적으로 심각한 문제가 있는 것이었다.

나중에 확인한 사실에 따르면, 그날 있었던 특조단장의 발언은 더 충격적이었다. 이 사실은 토론회가 끝나자마자 미국으로 출장을 간 하경근 의원이 노 박사를 만나면서 확인되었는데, 1999년 3월 11일자 시사저널이 보도한 기사를 일부 인용하면 다음과 같다.

국방부 특별조사단이 김훈 중위 사망 원인에 대해 타살 소견을 냈던 노여수 박사에게 '자살로 결론을 내 달라'고 주문한 것으로 밝혀져 충격을 주고 있다. 국회 국방위원회 김훈 중위 사망 진상파악 소위원회 하경근 위원장은 최근 미국을 방문해 노여수 박사를 면담하고, 특조단이 이같이 회유했다는 증언을 확보했다고 밝혔다.

하경근 위원장에 따르면 노여수 박사는 국방부 초청으로 방한했던 지난 1월 14일 특조단 수뇌부와 면담한 자리에서 과학적 소견을 굽혀 달라고 요구받았다는 것이다. 하경근 위원장이 뉴욕으로 찾아가자 노여수 박사는 국방부의 처사에 대단한 불만을 표했다고 하는데, 노여수 박사에 따르면, 1월 14일 특조단장이 만나자고 해서 찾아갔더니 자살로 결론을 내려야 대한민국의 모든 것이 매끄럽게 넘어간다는 식으로 타살 소견을 접어 달라고 완곡히 주문했다는 것이다. 노 박사는 그 순간 특조단이 사건을 묘하게 몰아가려 한다는 인상을 받고 몹시 불쾌했다고 털어놓았다고 한다. 당시 노 박사는 무시무시한 느낌마저 들었지만 '나는 학자로서 소신을 가지고 과학적 소견을 내면 되는 것이지 뒤의 문제를 고려해 국방부가 원하는 대로 소견을 내주러 온 것은 아니다' 며 국방부의 주문을 거절했다고 한다.

다수결로 결정된 과학적 진실

노여수 박사는 웬만해서는 흥분하지도 않고 침착하고 이성적인 사람이었는데, 그런 노 박사도 다음날 자신이 임하게 될 토론회 자료를 오직 자신만이 받지 못했다는 것을 알고 난 뒤에는 경악을 금치 못했다. 심지어 노 박사는 법의학자 토론회에 누가 참석하는지, 그리고 어떤 순서로 진행되는지조차 알지 못하는 상황이었다.

이런 사실은 우리에게도 충격이었다. 자문위원으로 참석한 우리에게는 주지 않았어도 설마 특조단이 토론 참석자인 노 박사에게조차 기초적인 자료를 주지 않았을 것이라고는 전혀 생각하지 못했기 때문이었다.

노 박사가 더 충격을 받은 것은, 우리가 국방부 출입 기자를 통해 토론회 참석자 이름과 진행 계획표를 전해 받은 뒤였다. 노 박사는 다른 토론자들이 자신의 견해를 포위하는 식으로, 그리고 학술적인 견해의 문제를 수적 우위를 통해 다수결로 결정하는 방식으로 진행하려는 특조단의 의도를 알아차리고는 무척 당황해했다. 토론도 하기 전에 이미 결론이 나 있는 토론회였기 때문이었다.

실제로 타살 소견을 밝힌 법의학자는 오직 노 박사 한 명뿐이었다. 국방부에서 추천한 나머지 법의학자들은 김훈 중위 사인에 대해 이미 자살 쪽으로 소견을 밝히고 있는 상황이었다. 노 박사는 이뻔한 결론의 토론회에 참석해 그들이 원하는 대로 '바보'가 되는 것이 좋을지에 대해 고민하기 시작했다.

한편, 재미 법의학자인 노여수 박사를 타깃으로 특조단이 군사작전처럼 비밀리에 초청한 자살 소견자인 또 다른 재미 법의학자 노용면 교수의 경우에는, '노용면 박사는 쟁점 정리를 위해 마지막에 발표하기를 바라고 있음으로 이를 최대한 수용할 입장'이라고 해서 이들이 어떤 태도로 법의학자 토론회를 여는 것인지 짐작케

했다.

이렇듯 누구는 특별 주문까지 하고, 또한 이를 최대한 수용해주기까지 하는 넓은 아량을 보여준 특조단이 누구에게는 아주 기본적인 진행표조차 주지 않은 채 토론회를 계획하고 있었다. 그 목적은 특조단이 원하는 대로 예외적 상황만을 모두 모아 자살로 결론지으려는 속셈에 있었다.

예상했던 대로 노 박사는 토론회에서 바보가 되었다. 권총 사망 사건을 다뤄보지 못한 국내외 법의학자들 앞에서 권총 사망 사건을 수없이 다뤄본 노 박사의 견해는 일방적으로 매도되었다. 그리고 세계에서 유래가 없는 '다수결 방식'으로 자살 결론이 내려졌다. 이렇게 하여 노여수 박사가 제기한 11가지 타살 의혹 쟁점은 국방부 쪽 추천으로 참석한 법의학자들에 의해 무참하게 짓밟히고 말았다. 다수결 투표 방식이라는, 유래가 없는 비과학적인 방법에 따라 완패한 뒤 노 박사가 남긴 말은 많은 것을 느끼게 했다.

"토론석상에서 저는 11가지 이유를 들어 김훈 중위 사인이 자살이 아닌 타살일 가능성에 대해 주장했습니다. 다른 토론자들은 모두 타살이 아닐 수도 있다고 했습니다. 확률상 더 많은 가능성에 의해 타살을 주장하는 내 의견에 11가지 모두 소수의 예외만 전부 모아 자살이라고 의견을 내는 것을 이해할 수 없습니다. 내가 제시한 교과서와 참고 서류가 모두 틀렸다는 것입니까? 나는 언젠가는 반드시 진실이 밝혀지리라는 것을 확실히 믿습니다."

거짓말, 거짓말 또 거짓말

권총 자살을 하게 되면 총을 쏜 손에 화약 흔적이 반드시 남는다. 그런데 김훈 중위의 오른손에서는 화약 흔적이 전혀 나오지 않았다. 그러자 국방부는 권총 발사 실험을 해보니 화약이 나오지 않았다고 했다. 그런데 나중에 알고 보니 모두 화약이 나온 것으로 드러났다.

특조단은 아주 작은 약속은 물론 진상 규명을 위해 반드시 지켜야 할 중요한 약속마저 고의적으로 파기했다. 유족의 사건 현장 방문 요구에 대해 특조단은 여러 차례에 걸쳐 현장에 갈 수 있도록 하겠다고 약속한 바 있다. 더구나 특조단장은 사건 조사 초기에 '반드시 사건 현장인 판문점 241GP에 유족이 갈 수 있도록 해주겠다'고 먼저 제의하는가 하면, 어떤 때는 요청하는 우리가 민망할 정도로 '왜 유족이 현장을 갈 수 없느냐! 미군이 반대하면 내가 앞장서서 데리고 가겠다'며 큰소리를 쳤다.

하지만 특조단은 약속을 지키지 않았다. 그냥 어긴 것도 아니고, 미군이 반대하면 자신이 앞장서서 데리고 가겠다던 특조단장은 나중에는 '유족은 절대 안 돼!'라고 했다. 그러나 이런 문제는 아주 사소한 것에 속하기에 일일이 말할 가치도 없었다. 심각한 문제는 반드시 지켜야 할 약속조차 파기했다는 데 있었다.

1999년 1월 14일. 특조단은 법의학자 공개 토론회를 하루 앞두고 노여수 박사를 비롯해 언론사 기자, 자문위원들과 함께 사건이 벌어진 공동경비구역 241GP에서 현장 조사를 실시하기로 했다. 이날 예정된 가장 중요한 조사는 김훈 중위가 자살했는지, 타살당했는지를 밝히는 데 아주 중요한 의미를 갖는 화약흔 검사와 권총 지문 채취 조사였다.

화약흔 검사는 권총의 방아쇠를 당길 때, 손에 화약이 묻는지를 조사하는 것이었고, 그 다음은 지문이 권총에 남는지를 확인하는 것이었다. 이 조사가 너무나 중요한 의미를 갖는 이유는 간단했다. 자살하기 위해 스스로 방아쇠를 당겼다는 김훈 중위 오른손에서 화약흔이 전혀 나오지 않았고, 현장에서 발견된 권총 자루에서도 아무런 지문이 나오지 않았기 때문이다.

국방부는 이에 대해 화약흔은 발견될 수도 있고 안 될 수도 있으며, 권총은 늘 기름칠을 해놓기 때문에 지문이 잘 남지 않는다고 변명해오던 중이었다. 하지만 우리는 말도 되지 않는 거짓말이라고 주장했다. 생각해보라. 권총의 방아쇠를 당겼는데 손에 화약흔이 나오지 않는다는 것이 말이 되는가? 그리고 기름칠을 했기 때문에 지문이 나오지 않는다는 것도 참으로 말이 되지 않았다. 기름칠한 물건을 만져보라. 오히려 더 선명하게 지문이 남는다. 게다가 김훈 중위의 오른손에서는 기름기도 나오지 않았다. 국방부의 주장처럼 기름 때문에 지문이 남지 않았다고 한다면, 당연히 김훈 중위의 오른손에는 권총 자루의 기름이라도 묻어 있어야 했다.

하지만 이 같은 질문에 국방부는 아무런 대답이 없었다. 우리는 더 이상 입씨름할 필요 없이 현장에서 직접 이를 시연한 뒤 그 결과를 놓고 확인하자고 제안했다. 뜻밖에 특조단장은 흔쾌히 우리의 주장을 받아들였다.

일방적으로 깨 버린 현장 조사 약속

잔뜩 긴장한 채 사건 현장에 도착한 뒤 우리는 특조단 수사관으로부터 참으로 황당한 말을 들어야 했다. 또 다시 특조단이 일방적으로 약속을 파기한 것이었다. 총알이 나간 방향 따위에 대해서만 조사하고 애초 약속했던 화약흔과 지문 채취 조사는 계획에도 없었다는 것이었다.

특조단장의 철썩같은 약속을 언급하며 강력하게 항의했으나 현장의 특조단 수사관은 '우리는 그런 지시를 받은 바 없다'며 간단히 무시했다. 한 술 더 떠 그는 '화약흔과 권총 지문 채취는 이미 실시한 뒤 현재 국립과학수사연구소(이하 국과수)로부터 결과를 기다리고 있는 중이다'는 뜻밖의 말도 했다. 이런 말도 안 되는 상황을 누가 받아들일 수 있을까?

판문점에서 서울로 돌아온 우리는 바로 특조단장을 찾아갔다. '특조단이 이렇게 인권단체를 기만할 수 있느냐, 왜 약속을 어긴 것이냐'며 강하게 항의하는 내게 그는 아무런 대꾸도 없이 야릇한 표정을 지어 보이며 앉아 있었다. 좀 더 정확히 표현한다면 '그래서 어쩔 건데….' 하는 표정이었다.

나는 아직도 이 문제와 관련해서 두 가지 의문이 있다. 특조단이 약속한 화약흔과 권총 지문 채취 조사를 왜 무리한 방법까지 동원해 파기한 것일까? 또 오해 소지를 피하기 위해 공개적인 장소에서 화약흔과 권총 지문 채취를 하기로 해놓고 왜 몰래 자기들끼리만 시험한 뒤 국과수에 의뢰한 것일까?

왜 그들은
화약흔 실험 결과를 조작했을까?

한편 특조단은 훗날 수사 결과 발표에서(1999년 4월 14일, 국회 국방위원회 소위원회에서 발표한 특조단 수사 결과) 화약흔 조사에 대해 무척 재미있는 결과를 내놓았다. 자기들끼리 몰래 실험한 그 조사를 바탕으로 '화약흔은 나올 수도 있고 나오지 않을 수도 있다'는 내용의 실험 결과를 발표한 것이다. 자신들이 모두 5번의 권총 발사 실험을 한 뒤 채취한 시료를 국과수에 의뢰한 결과 화약흔이 한 번도 나오지 않았다는 것이다.

그런데 이것도 금방 거짓말로 들통났다. 유족이 어려운 과정을 통해 손에 넣은 국과수의 화약흔 시험 결과 공문을 통해서였다. 진실은 '5번 모두 화약흔 검출'이었다. 이것은 국과수를 통해 확인한 진실이었다. 그런데도 총을 쏜 손에서 화약흔이 검출될 수도, 안 될 수도 있다는 식의 거짓 사실을 발표해야 했던 특조단의 속사정은 도대체 무엇이었을까?

답은 스스로 방아쇠를 당겨 자살했다는 김훈 중위의 오른손에서 화약흔이 나오지 않았기 때문이다. 김훈 중위가 자살했다면 방아쇠를 당긴 오른손에서 반드시 화약흔이 나와야 하는데, 그 화약흔이 없자 특조단으로서는 화약흔이 나올 수도 있고, 나오지 않을 수도 있다는 황당한 거짓말 말고는 달리 할 수 있는 말이 없었던 것이다.

사건 발생 직후 미 범죄수사단 역시 김훈 중위 사건 보고서에서 '다만 김훈 중위의 오른손에서 화약흔이 발견되지 않았으므로 스스로 방아쇠를 당겨 사망했다고 단정해서는 안 됨'이라고 적고 있다. 즉, 김훈 중위의 손에서 화약흔이 발견되지 않은 사실에 비추어 스스로 총을 쐈다고 단정해서는 안 된다는 것이다. 그런데도 특조단은 무슨 의도로 이 같은 거짓말을 한 것인지 나는 아직도 이해하기 어렵다. 김훈 중위의 사망 원인을 숨기려는 고의적인 행위라고 생각할 수 있는 것 말고는.

구색 맞추기에 지나지 않았던
민간 자문위원을 사퇴하다

참담한 심정으로 특조단장의 방을 나선 뒤 우리는 우여곡절 끝에 강북의 모 특급호텔에 묵고 있던 노여수 박사를 만났다. 그리고 우리는 특조단의 들러리 역할뿐인 자문위원직을 사퇴하기로 결정했다. 다음날 있을 법의학자 공개 토론회도 이미 특조단이 내려놓은 자살 결론을 뒷받침하려는 의도에서 진행되는 것임을 안 이상, 더이상의 자문위원 참여는 거짓말을 하고 있는 특조단을 도와주는 것일 뿐이었다.

그날 밤, 우리는 긴급 성명서를 쓰기 시작했다. 기만적인 특조단의 활동 중단과 이에 책임이 있는 국방부 장관의 사퇴, 그리고 대통령의 사과를 요구하는 내용이었다. 그러나 토론회장인 용산 전쟁 기념관 대회의실에서 이 성명서는 끝까지 낭독되지 못했다. 성명서 몇 줄을 채 읽기도 전에 특조단장의 지시를 받은 군인들에 의해 우리는 개처럼 끌려 토론회장 밖으로 내던져졌기 때문이다. 김훈 중위 어머니가 항의하자 그들은 어머니도 그렇게 밖으로 내던져 버렸다. 그런 뒤 아무 일도 없었던 것처럼 그들은 축사도 하고 진지한 법의학자 공개 토론회를 시작했다.

쫓겨난 우리는 역사에 남을 토론회를 길이길이 보존하고자 평화 방송 PD에게 모든 과정을 녹화해 달라고 부탁했다.

가끔 우리는 그날의 끌려나오는 장면을 보며 일그러진 김훈 중위 사망 사건의 진실을 되새기고는 한다. 가슴에 맺힌 울분과 함께.

3장

살인자의 철모

철모가 말하고 있는 진실

김훈 중위가 자살하는 데 사용했다는 총을 반쯤 덮고 있는 철모가 찍힌 사진이 발견되었다. 총 위에 철모가 있다는 것은, 김훈 중위가 죽은 뒤 땅에 떨어진 권총 위에 누군가 철모를 올려 놓았다는 것을 뜻하는 것이었다. 이는 정황상 타살자의 철모라는 가정이 가능하다.

반년 가까이 시간을 끌었던 김훈 중위 사망 사건에 대한 국방부 특조단의 조사 결과 발표는 1999년 4월 14일로 결정되었다. 그토록 목마르게 기다렸던 발표를 앞두고 우리 역시 새로운 전의에 불타고 있었다. 부도덕한 특조단 활동에 대해 더 이상 무엇도 할 수 없는 처지에서 울분만 끓이던 가운데 그야말로 눈이 번쩍 뜨일 만한 중요한 실마리를 찾았기 때문이었다. 그것은 김훈 중위 사건의 진상규명 과정에서 계속된 우연이기도 했지만, 이번에 알게 된 실마리는 그 가운데서도 가장 압권이었다.

실마리를 얻게 된 계기는 김훈 중위 어머니에게서 비롯되었다. 아들이 죽은 뒤 어머니는 37년 동안 남편이 몸담았던 군의 횡포 앞에서 처절한 배신감과 분노를 느껴야 했다. 누구보다도 군을 사랑했고 나라의 미래를 걱정하던 남편을 내조하면서 늘 장성의 아내로서 처신에 조심해왔던 어머니였다. 그저 남편과 자식만을 바라보며 살아온 것이 모두였다. 그런 어머니에게 어느 날 갑자기 찾아온 장남 김훈의 죽음은 하늘이 무너지는 고통과 충격, 그 자체였다.

그날부터였다. 어머니는 자식의 죽음에 깔린 의혹을 밝히기 위해 온몸을 내던졌다. 1998년 5월 24일. 비가 내리는 그날, 어머니는 태어나 처음으로 서울역 광장에서 시민들에게 아들의 의문사 진상 규명을 촉구하는 서명을 받고 있었다. 비가 추적추적 내리는 서울역 광장에서 김훈 중위 사건에 대한 억울함과 시민들의 관심을 호소하는 어머니의 모습을 보며, 그리고 끝내 자신의 기막힌 처지에 서러움이 복받쳐 통곡하는 어머니를 보며 내 가슴은 뭐라 말할 수 없이 아파 왔다.

비단 김훈 중위의 어머니뿐만 아니라 군대에서 자식을 잃은 수많은 어머니들이 그렇게 서럽게 살아가는 모습을 보며 나는 정말 내가 가진 보잘것없는 힘이 너무나 부끄럽고 괴로웠다.

권총을 덮고 있던 철모

아무튼 유가족과 우리의 처절한 노력에도 결과는 이미 절망적 상황으로 기울고 있던 1999년 3월 말경. 특조단의 결과 발표가 오늘내일하고 있을 때였다. 어머니는 문득 숨진 아들의 사진에서 이상한 점을 느꼈다고 한다. 약간 벌어진 김훈 중위의 입 안에 치아가 하나도 없는 것처럼 보인다는 주장이었다. 자세히 보니 실제로 그렇게 보이

기도 했다. 이에 어머니는 국회 정태용 보좌관에게 부탁해 국방부가 보관하고 있던 문제의 사진 필름을 보내 달라고 요청했다. 사진 원판을 확대해 치아가 있는지 정확하게 확인해보자는 것이었다.

그러나 여덟 차례에 걸친 국회의 독촉에도 국방부는 아무런 연락도 주지 않은 채 필름을 내놓지 않았다. 1999년 4월 초, 화가 난 정태용 보좌관이 '만약 오늘 중으로 필름을 주지 않을 경우 가만 있지 않겠다'고 엄포를 놨고, 그 엄포가 먹힌 것인지 애초 우리가 원했던 필름은 아니지만 크게 인화한 사진 200여 장을 국회로 보내왔다.

우리를 놀라게 한 실마리는 그렇게 받은 200여 장의 사진 가운데 8장의 사진에 있었다. 바로 철모였다. 김훈 중위가 자살하는 데 사용했다는 총을 반쯤 덮고 있는 철모가 찍힌 사진이 발견된 것이다. 즉, 총 위에 철모가 있다는 것은 김훈 중위가 죽은 뒤 땅에 떨어진 권총 위에 누군가 철모를 놓았다는 것을 뜻하는 것이었고, 이는 정황상 타살자의 철모라는 가정이 가능하기 때문이었다.

우리는 이제 특조단도 더 이상 이 사건의 진실에 대해 다른 변명거리를 찾지 못할 것이라고 확신했다. 더구나 새롭게 발견된 철모 사진은 그동안 우리가 풀지 못했던 타살 정황에 대한 여러 가지 의문 가운데 중요한 하나를 해결해주고 있었다. 바로 부검 과정에서 발견되어 자살인지 타살인지 논란이 되었던 두정부 혈종에 대한 해답이었다.

김훈 중위 머리에 난 상처

죽은 김훈 중위를 부검한 결과, 머리 상반부 가운데 피하조직에서 6cm x 4.8cm 크기의 혈종이 발견되었다. 유족들은 이 혈종이 누군가에 의해 심하게 얻어맞아 생긴 혈종이라며, 타살 의혹 가운데 중요한 근거로 제시했다. 반면 국방부는 사고 현장이 무척 좁아 누군가가 가격할 수 있는 공간도 없으며, 또 혈종이 생기도록 가격했다면 그 가격 물체가 있어야 하는데 그러한 가격물도 발견되지 않아 유족의 주장은 억지라고 반박했다. 그러면서 군 수사팀은 총알이 머리를 관통하는 과정에서 부서진 뼛조각이 골편을 치면서 생겼거나 또는 압력에 의해 두개골이 벌어지면서 혈종이 생긴 것이라고 주장했다.

이처럼 혈종이 생긴 원인을 두고 논란이 될 수밖에 없었던 까닭은 발생 원인에 따라 김훈 중위의 죽음 원인이 자살일 수도, 타살일 수도 있기에 서로의 주장은 팽팽할 수밖에 없었다. 그러나 사실 우리는 군 수사팀의 반박 논리에 속으로는 밀리지 않을 수 없었다. 무엇보다 노여수 박사의 주장처럼 이 혈종이 어떤 둔탁한 물체의 가격에 의해 생긴 것이라면 그것이 무엇이냐는 의문이었다. 우리는 고도의 무술을 연마한 사람이 당수로 가격할 수 있지 않나 생각하기도 하고, 권총이나 무전기 같은 둔탁한 물건 가운데 하나가 아닐까 추측하기도 했다.

그러나 우리가 생각해도 어쩐지 좀 무리한 상상이라고 여겨졌다. 따라서 도대체 어떻게 해서 김훈 중위 머리에 그 같은 혈종이 생겨난 것인지 답답하기만 하던 상황이었다. 그런데 노 박사의 법의학적 소견('김훈 중위의 머리에서 발견된 혈종은 둔탁한 물건으로 심하게 얻어맞았다는 것을 의미하며, 이런 종류의 상처는 뇌진탕과 함께 곧바로 의식을 잃게 할 수 있다')처럼 현장에서 발견된 철모는 그 모든 의혹을 분명하게 설명해주고 있었는데, 바로 '케모 밴드(철모의 위장포를 조여주는 강력한 밴드 모양의 고무줄)'의 위치였다.

벗겨진 케모 밴드의 진실

이런 사실을 처음부터 알게 된 것은 아니었다. 그것은 생각지도 못

122

한 수확이었다. 애초 우리는 철모의 주인이 누구인가에 대해서만 의문을 갖고 있었을 뿐 철모의 모습에 대해서는 생각도 하지 못하는 상황이었다. 그런데 철모의 모습이 이상하다고 지적한 사람들은 바로 그 부대를 제대한 전역병들이었다.

면담 도중 사진 속의 철모를 혹시 본 적 있는지 묻자 그들은 한결같이 '이런 철모는 사고가 일어난 경비대대 소속의 상병 말 호봉 이상이 쓰는 형태의 철모다'라고 했다. 왜 그렇게 생각하느냐고 묻자, '철모의 턱 끈이 한쪽으로 말아 올려져 있는 것은 규정 위반인데, 그런데도 턱 끈이 덜렁거리는 것이 귀찮아 사진 속의 철모처럼 경비대대 고참급 병사들 위주로 턱 끈을 말아 고정시켜 사용했다'고 했다. 또한 철모 안쪽에 녹색 크림이 묻어 있는 것 역시 작전을 나갈 때 얼굴에 바르는 위장크림인데, 경비대대 소속 병사의 것이기에 그처럼 위장크림이 묻었을 것이라고 했다. 그런데 바로 그 순간, 한 전역병이 고개를 갸우뚱했다.

"어! 그런데 철모가 좀 이상한데요."

우리가 케모 밴드의 존재를 알게 된 것은 바로 그때였다. 그 전역병은 사진 속 철모의 케모 밴드가 반쯤 벗겨진 채 오른쪽으로 상

당히 돌아가 있는 상태라고 확인해주었다. 그리고 '이것은 철모의 주인이 일부러 케모 밴드를 움직여놓지 않았다면 불가능한 상황' 이라고 했다. 왜냐하면 케모 밴드는 철모에 병사의 이름을 쓰는 아주 신축성이 강한 고무줄 같은 것으로, 쉽게 벗겨지지 않도록 홈이 파여져 있어 일부러 벗기지 않는 한 이렇게 움직일 수 없기 때문이라고 했다.

우리는 그 설명을 통해 비로소 김훈 중위 머리에서 발견된 혈종이 무엇 때문에 생긴 것인지를 추측할 수 있었다. 현장에서 발견된 철모로 김훈 중위의 두정부가 강타당했으며, 그 과정에서 상당한 충격을 받은 철모의 케모 밴드가 위로 쏠려 상당 부분 벗겨진 채 오른쪽으로 돌아간 것이라고 확신하게 되었던 것이다.

특조단, 또다시 거짓말로
위기를 넘기려 하다

사건 현장에 떨어져 있던 철모가 누구의 것이냐는 질문에 특조단은 현장에 출동한 미군 군의관 아리스 대위의 철모라고 대답했다. 하지만 이후 조사가 진행되면서 그 철모가 군의관의 것일 수 없다는 증언이 무수히 나왔다. 그러나 국방부는 이 모든 것을 무시했다.

두정부 혈종이 생긴 이유를 몰랐던 우리에게 모든 사실을 분명하게 확인해준 철모에 대해 우리는 비밀로 하기로 했다. 그리고 특조단이 국회 국방위원회에서 수사 결과를 보고하기로 한 4월 14일 이를 폭로함으로써 그동안의 기만적인 특조단 조사 결과를 한순간에 반격하기로 했다.

1999년 4월 14일. 당시 나는 국회에서 CCTV로 중계되는 특조단 발표를 지켜보고 있었다. 나는 특조단장의 하나마나한 지루한 보고가 빨리 끝나기만을 기다렸다. 지극히 형식적인 특조단장의 보고가 끝난 뒤 벌어질 일들을 생각하며 가벼운 흥분을 느끼고 있었다. 그런데 뭐랄까? 이상한 느낌이 조금씩 들기 시작했다. 특조단이 이미 철모와 관련한 우리의 계획을 알고 있다는 느낌이었다. 불행하게도 그 짐작은 정확히 들어맞았다.

내막은 이랬다. 바로 전날, 한나라당 하경근 의원은 철모와 관련된 내용을 한나라당 지도부에 미리 보고했다. 나름대로 보안을 유지한다며 한나라당 총재실 문까지 걸어 잠근 채 이뤄진 이날 보고는, 당시 이회창 총재와 정책위 의장이 참석한 자리에서 하경근 의원이 보고했다고 한다.

문제는 이 보고가 끝난 뒤였다. 기자실로 내려온 정책위 의장에게 당시 동아일보 출입기자가 다가와 "뭐 기사거리 될 만한 것 좀 없습니까?"라고 물어왔다. 이에 정책위 의장은 그 중요성에 대해 아무 생각이 없었는지 "뭐 철모에 대해 말하던데⋯."라고 했다는 것이다. 그러자 앞뒤 내용을 모르는 기자로서는 무슨 말인지 이해할 수 없었고, 이에 국방부로 전화해 철모 운운한 것에 대해 물었던 것이다. 이 과정에서 철모와 관련된 정보가 특조단에 샜다는 것을 알게 된 것은 수사 결과 발표가 끝난 얼마 뒤였다.

군의관의 철모라고 둘러댄 특조단

장황한 발표가 끝난 뒤 마침내 하경근 의원이 '사건 현장의 권총 위에 철모가 있었던 사실을 알고 있었느냐'고 공박하자 특조단장은 기다렸다는 듯 "네, 알고 있습니다."라고 답했다. 우리는 순간 당황했다. 그리고 샜구나, 하는 생각이 들었다. 특조단은 '그럼, 철모의 주인이 누구냐'는 하경근 의원의 질문에, 사건 발생 소식을 듣고 현장에 출동한 미군 군의관 아리스 대위의 철모라고 대답했

다. 순간 우리는 특조단이 또다시 거짓말을 하고 있다고 판단했다.

특조단의 주장이 사실이라면, 왜 그동안 한 번도 이 사진을 공개하거나 밝힌 사실이 없을까? 또한 국회 소위원회에서도 철모와 관련된 보고를 한 사실이 없고, 당일 나눠준 수사 결과 보고서에도 역시 철모와 관련된 문장은 단 한 줄도 없었다. 우리는 특조단이 기자로부터 문의를 받는 과정에서 우리가 철모의 존재를 알고 있다는 사실을 확인한 뒤 또다시 급조해 사실을 왜곡하고 있다고 확신했다.

하경근 의원은 집요했다. '철모 관련 여부를 조사했다면서 왜 3권의 보고서에는 전혀 언급되지 않았느냐'고 묻자 특조단장은 현장에서 철모가 발견된 사실을 처음 확인한 것은 1999년 1월 14일이라고 했다. 이어 특조단장은 이렇게 대답했다.

"사건 발생 직후 맨 처음에 12시 45분경 대대장 러펜버그 중령이 벙커에 도착을 했습니다. 그리고 두 번째 대대 정보장교 클락크 대위와 정보과 선임하사인 포터 하사(문제의 철모 사진을 찍은 미군)가 현장에 도착한 것이 12시 55분입니다. 그래 가지고 외부부터 촬영을 시작합니다. 그런데 12시 57분에 미군 대대 군의관(철모의 주인이라는 미군 장교)이 벙커에 들어가서 사망 여부를 확인합니다. 그러면서 그 경황 중에 저 철모를 벗어놓고 바깥으로 나와 대대장한테 '이미 사망했다'는 보고를 드립니다. 그 사이에 포터 하사가 사진을 찍을 때 저 철모가 촬영된 것입니다. 그리고 (철모를 벗어놓은 미 군의관 아리스 대위가) 나와서 보니까 자기 철모가 없습니다. 그래서 다시 (벙커로)들어가서 자기 철모를 쓰고 복귀를 합니다. 반면에 미 CID(범죄수사대. 포터 하사 촬영 뒤 2차로 현장을 촬영했다. 철모 관련 사진을 보기 전까지 우리는 CID가 촬영한 사진이 1차 사진인 줄 잘못 알고 있었다) 수사관 요원들은 1시간 반 후에 도착을 합니다. 그래 가지고 또 전부 다 수사 자료를 위해 촬영을 합니다. 그러니까 포터 하사가 찍을 때는 철모가 있었고, 미 CID가 사진과 VTR을 찍었을 때는 철모가 없습니다. 그래서 철모가 있는 사진, 없는 사진 이렇게 편차가 발생한 것입니다."(203회 국회 국방위원회 1차 회의 속기록 중)

군의관 아리스 대위는
철모를 쓰지 않았다

사건 당일 군의관 아리스 대위와 함께 현장에 출동했던 위생병 L병장은 현장에서 발견된 철모가 아리스 대위의 것이 아니라고 단호하게 말했다. "아리스 대위의 철모를 날마다 봤는데 어찌 그걸 모르겠습니까? 이 철모는 아리스 대위의 철모가 절대 아닙니다."

국회 국방위원회 소위원회 보고 과정에서 불거진 철모 공방은 말 그대로 공방으로 끝났다. 새롭게 발견된 철모 사진이 이 사건의 진실을 밝힐 수 있는 결정적 계기가 될 것이라고 굳게 믿었던 우리의 기대는 무너지고, '미군 군의관·아리스 대위의 철모이며 실수로 촬영된 것'이라는 국방부의 주장 앞에서 사건의 진실은 다시 제자리로 돌아간 것이다.

결국 국회 국방위원회는 철모 의혹에 대해 특조단이 철저한 보강 조사를 한 뒤 다시 보고하라고 결정을 내리고 회의를 마쳤다. 그러나 특조단은 그로부터 10일 뒤 형식적인 한차례 보고를 끝으로 '오늘로써 보고는 모두 끝났다'는 일방적 선언을 한 뒤 1999년 4월 29일 해체했다. 황당한 일이었다. 그렇게 김훈 중위 사건은 끝나고 있었다.

김훈 중위 사건을 대하는 언론의 태도

국회에서 명동 사무실로 돌아오며 그날 내가 맛본 참담함은 표현하기 힘들 정도였다. 이것이 민주주의란 말인가? 믿었던 모 일간신문의 보도는 그러한 내 마음에 불을 질렀다. 이 신문 사회면에 실린 김훈 중위 사건 관련 철모 공방 기사가 그것이었다. 짐작했던 것처럼 우리의 의혹 제기와 국방부 해명이 나란히 실린 사실 보도 수준이었다.

그·철모에 대해 우리가 제기하는 의혹이 무엇인지를 다루는 언론의 노력은 없었고, 그저 철모에 대한 공방이 있었다는 사실만 보도할 뿐이었다. 더 이상 김훈 중위 사건에 대해 관심이 없음을 드러내고 있었던 것이다. 그런데 문제는 보도된 기사가 사실과 다른 오보라는 점이었다.

전화를 할까 말까 고민하다가 해당 기자에게 전화를 했다. 다른 것은 몰라도 적어도 사실 관계만이라도 정확하게 써줘야 하는 것 아니냐며 정정 기사를 요구했다. 당시 기자는 현장에서 발견된 철모 주인을 특조단이 밝힌 미 군의관 아리스 대위가 아니라 철모 사진을 찍은 포터 하사라고 썼기 때문이었다. 그런데 돌아온 답변은 황당했다. 기자는 귀찮다는 목소리로 짜증을 냈다.

"이제 그만하시죠. 그런다고 죽은 김훈이 돌아오는 것도 아닌데 뭘 그런 사소한 것을 가지고 정정 보도를 요구합니까?"

전화기를 던져 버리고 싶었다. 김훈 중위 사망 사건이 전 국민적 관심 속에서 의혹거리가 되자 언론은 그야말로 있는 사실, 없는 사실까지 만들어가며 기사를 써댔다. 심지어 확인되지도 않은 사실을 보도한 뒤에 그것이 맞는 것처럼 말해 달라고 요구해오기도 했다. 기자들은 아침, 점심, 저녁, 그리고 밤에도 천주교 인권위 사무실에서 살다시피 했다.

8평 남짓의 그 좁은 사무실에서 허락도 없이 책상을 뒤지기도 하고, 마음대로 복사를 하며 한 뭉텅이씩 자료를 가져가기도 했다. 귀찮기도 하고 불쾌하기도 했지만 우리는 김훈 중위 사건의 진실을 밝히기 위해 필요한 협조를 아끼지 않았다. 우리가 할 수 있는 모든 성의를 다 보여주었다. 죽을힘을 다해서.

그런데 김훈 중위 사건에 대한 취재 경쟁이 뜨거워지면서 언론은 큰 실수를 하고 말았다. 결론이 나지도 않은 김훈 중위 소대 K부소대장을 타살 용의자라며 실명과 사진까지 실었고, 결국 이 때문에 K부소대장 쪽으로부터 거액의 민사소송을 당한 것이다. 그러자 언론은 정말 썰물처럼 이 사건에 대한 관심을 순식간에 거두었다.

특조단장이 예언한 것처럼 민사소송이 두려워서였을까? 그 뒤부터 기자들은 마땅히 써야 할 기사마저 써주지 않았다. 우리가 정성들여 자료를 만들고 새로운 단서에 대해 설명해도 반응은 냉담

함을 넘어 지켜워했다. 그 결정판이 바로 그날 모 언론사 기자의
말이었다.

나는 오기가 생겼다. 적어도 국방부의 주장은 사실이 아니라는
확신을 가지고 있었기 때문이다. 그것이 진짜 착오에 의한 것인지
아니면 고의적인 거짓말인지에 대해 말할 수는 없지만, 적어도 현
장에서 발견된 철모는 미 군의관 아리스 대위의 것이 아니라는 확
신이었다.

"그 철모는 군의관 아리스 대위의 것이 아니에요"

특조단 발표 뒤 나는 직접 사건 현장에 있었던 몇 안 되는 증인들
을 만났다. 가장 먼저 만난 증인은 문제의 아리스 대위와 함께 사건
현장에 출동했다는 당시 위생병 L병장이었다. 그는 제대 뒤 대학에
복학해 있었다. 걱정이 됐다. 이미 언론을 통해 특조단의 결과가 발
표된 상황에서 그가 우리의 협조 요청에 응해줄지 자신할 수 없었
다. 그런데 뜻밖에, 그는 잠시 망설이더니 흔쾌히 제안을 받아들였
다. 부담이 되는 것은 사실이지만 진실을 밝히는 데 도움이 된다면

자신이 알고 있는 사실에 대해 있는 그대로 증언하겠다고 했다.

1999년 4월 20일. 강남에 있는 한 식당에서 약 3시간 동안 진행된 L병장과의 인터뷰 자리에는 나와 유족, 그리고 이덕우 변호사가 함께했다. 다음은 L병장의 증언을 바탕으로 다시 구성해본 사건 당일 모습이다.

L병장이 아리스 대위와 함께 241GP로 출동한 때는 점심을 마친 낮 1시가 조금 넘은 때였다. 소속 부대인 중대본부에서 비상이 발령되어 L병장은 평소 훈련한 것처럼 바로 철모와 방탄조끼를 입고 중대 병원으로 달려갔다. 그때 미 군의관 아리스 대위는 철모와 방탄조끼를 착용하고 달려온 L병장을 보고는 '다 필요 없으니 군장을 모두 해체하라'는 지시를 내렸다. 이에 L병장은 '비상상황인 줄 알았는데 아닌가'라고 생각하며 지시에 따라 철모와 방탄조끼를 벗은 뒤 전투모(국방색 얼룩무늬 천으로 만든, 일반적으로 군인들이 쓰고 다니는 모자)를 썼다.

이때 L병장은 아리스 대위가 철모를 쓰고 있지 않았다는 것을 분명하게 기억한다고 했다. 아리스 대위가 그때 철모를 쓰지 않았다는 사실을 기억하는 까닭은 자신이 철모를 쓰고 있었기 때문이라고 했다. 그리고 자신이 철모와 방탄조끼를 해체하는 사이 아리스 대위는 군의관 가방을 가지러 잠깐 옆방에 다녀왔고, 이어 그들은 앰뷸런스를 타고 사고가 일어난 241GP 3번 벙커로 출동했다.

약 20분 뒤. 241GP에 도착한 아리스 대위는 차에서 내려 곧바로 벙커 통로로 들어갔고, L병장 역시 뒤따라 내려 바퀴가 달린 들것을 가지고 벙커 안으로 들어갔다. 어두운 통로를 거쳐 3번 벙커 앞에 도착한 L병장은 그곳에서 몇 번 얼굴을 본 적이 있던 김훈 중위 소대의 K병장을 보게 된다. 그가 바로 국회 소위원회에서, 남북을 넘나든 이른바 '적과의 내통'을 폭로한 K병장이다.

L병장은 완전 군장 상태로 서 있는 K병장을 본 뒤 조그만 목소리로 "뭐야?" 하고 물었다. 그러나 K병장은 아무런 반응도 보이지 않았다. L병장은 무안한 마음과 무거운 분위기에 주눅이 들어 자신이 가져온 들것을 3번 벙커 옆에 있는 4번 벙커 안으로 밀어놓은 뒤 누구인지 모르는 흑인 병사와 함께 서 있었다.

그때 3번 벙커 안에서 누군가 영어로 "이리 와봐."를 비롯해 짧은 대화를 나누는 목소리가 들려왔다. L병장은 벙커 통로에 군의관 아리스 대위가 보이지 않아 그 목소리의 주인공이 아리스 대위가 아닐까 생각했다. 뒤이어 1분 정도의 짧은 시간이 지난 뒤, 벙커에서 언제 나왔는지 모르지만 아리스 대위가 머리를 절레절레 흔들면서 영어로 "죽었어."라고 말했다고 한다.

그렇다면 이때 군의관 아리스 대위는 철모를 쓰고 있었을까? 아니면 전투모를 쓰고 있었을까? 그도 아니면 아무것도 쓰고 있지 않았을까? 안타깝게도 L병장은 그것을 전혀 기억하지 못하고 있었다. 하지만 L병장은 아주 중요한 몇 가지 사실을 확인해주었다. 현장에서 발견된 철모는 분명 아리스 대위의 것이 아니라는 단호한 증언이었다.

L병장은 그 뒤 한겨레21 기자와 만나서도 다시 한 번 이 사실을 확인해주었다. 먼저 L병장은 현장에서 발견된 철모의 내피(철모 안쪽에 덧대어져 있는 천)가 모두 닳아 너덜너덜해져 있는 것을 지적했다. 그러면서 아리스 대위의 철모는 그와 달리 깨끗한 A급 철모였다고 증언했다. 더구나 만약 미군 장교가 철모를 그 같은 상태가 되도록 그냥 두었다면 징계를 받을 것이라고 했다.

현장에서 발견된 철모가 아리스 대위의 철모가 아니라는 증거는 또 있었다. 앞에서 말했던 것처럼 말아져 묶여 있던 철모의 턱 끈이었다. 이것은 규정 위반이었다. L병장은 아리스 대위의 철모는 턱 끈이 말아져 묶여 있지도 않았으며, 그렇게 하는 미군 장교도 없다고 했다. '어떻게 그렇게 잘라 말할 수 있느냐'고 물으니 그의 답은 명쾌했다.

"아리스 대위의 철모를 날마다 봤는데 어찌 그걸 모르 겠습니까? 이 철모는 아리스 대위 철모가 절대 아닙니다."

L병장은 철모의 내피에 묻어 있는 녹색 위장크림도 지적했다. 군 의관은 훈련을 나가더라도 위장크림을 바르는 일이 없는데 발견된 철모에는 위장크림이 잔뜩 묻어 있어 아리스 대위의 것이 아니라는 설명이었다.

한편, 이 같은 L병장의 진술을 뒷받침하는 진술이 또 있었다. 군 대 내 의문사를 조사하기 위해 2006년에 구성된 군 의문사 진상규 명위원회가 김훈 중위 사건을 다시 조사한 뒤 2009년 10월 발표한 자료에 따르면, 아리스 대위와 같이 근무한 경비대대 소속 의무병 4명은 '군의관이 철모를 쓰는 일은 거의 없고, 아리스는 천으로 된 전투모만 썼던 것 같다'고 진술했고, 또한 '현장에서 발견된 철모 는 너무 지저분하고, 턱 끈이 말려 있는 것으로 보아 미군 장교의 것으로 볼 수 없으며, 땀을 많이 흘려 안쪽 밴드가 검게 되어 있는 것으로 보아 한국군 상병 정도의 것으로 보인다'고 L병장과 똑같은 진술을 한 것이다.

그날에 대한 K병장의 기억

K병장은 조심스럽게 3번 벙커를 가리고 있는 비닐 천막을 젖히고 안을 들여다보았다. 정말 그곳에는 겨우 몇 십분 전, 책을 보고 있는 자신에게 춥지 않느냐며 걱정해주던 김훈 중위가 한쪽 구석에 주저앉은 채 숨겨 있었다. 왼쪽 뺨으로 흐르는 한줄기 피, 그리고 코에서 흐르는 피를 보고 K병장은 가슴이 무너지는 것을 느꼈다.

L병장의 진술을 통해 나는 현장에서 발견된 철모가 특조단의 발표와 달리 아리스 대위의 것이 아니라는 확신을 얻었다. 그리고 이를 다시 한 번 뒷받침해준 사람은 바로 L병장이 3번 벙커 앞에서 만났다는 K병장이었다.

앞에서 말한 것처럼 K병장은 '적과의 내통'을 국회 소위원회에서 폭로했던 병사였다. 하지만 나는 특조단의 결과 발표 이전까지 한 번도 그를 만난 적이 없었다. 그가 이 사건 때문에 너무나 힘들어했기 때문이다. 그는 숨진 소대장에 대한 전우애와 가족을 잃은 유족에게 조금이라도 도움이 되고자 자신이 알고 있는 진실을 말한 것뿐이었는데, 그 때문에 그는 너무나 많은 상처를 받아야 했다.

적과의 내통을 폭로한 뒤 취재 경쟁 과정에서 빚어진 기자들의 괴롭힘보다 K병장을 더 힘들게 한 것은 특조단의 압력이었다. 자신이 알고 있는 진실을 증언한 그에게 특조단은 상을 주지는 못할망정 왜 다른 병사와 다르게 말을 하냐며 오히려 K병장을 공격했다. 심지어 특조단은 '만약 김훈 중위가 타살되었다면 네가 범인이 아니냐'는 말까지 하며 진술을 뒤집도록 압박하기도 했다.

이 같은 내용이 담긴 당시 조사실 CCTV 영상을 확인하면서 우리는 특조단의 조사가 진실을 왜곡하기 위한 노력이었다고밖에 볼 수 없는 사실 앞에서 개탄하지 않을 수 없었다.

한편, K병장의 기억은 무척 구체적이었다. 그 까닭은 사건이 벌어지자마자 김훈 중위가 죽은 3번 벙커 앞에 가장 먼저 도착한 사람이 바로 자신이었고(물론 K병장이 현장에 도착했을 때, 그곳에는 K부소대장이 먼저 도착해 있는 상황이었다), 또 그곳에서 경계 근무를 서며 현장을 방문했던 이들을 모두 지켜봤기 때문이다.

기대했던 대로 K병장은 우리가 궁금해하던 대부분의 의혹에 대해 상세하게 설명해주었다. 1999년 4월 17일, 저녁 5시부터 시작된 이날의 대화는 약 5시간이 지난 밤 11시 10분이 되어서야 끝났다. K병장의 이야기를 통해 나는 이 사건의 진실이 무엇인지 어렴풋이 알게 되었다.

사망 시각을 둘러싼 진실과 거짓의 싸움

K병장의 진술을 간단하게 정리하면 다음과 같다. 사건이 벌어진

1998년 2월 24일. 오전 8시부터 그는 2시간 동안 중앙통제실에서 근무를 했다. 오전 10시경 근무를 마친 K병장은 박OO 일병, 박OO 상병과 함께 식당으로 들어간다. 잠시 뒤 두 사람과 같이 라면을 먹던 K병장은 김훈 중위가 웃으면서 식당으로 들어서는 것을 보았다.

그때 김훈 중위는 왼손에 조그만 수첩과 서류 파일, 오른손에는 장갑과 무전기를 겹쳐 쥔 채 모자와 탄띠를 찬 상태였다. 김훈 중위는 웃으며 다가와 "너희끼리만 맛있는 거 먹냐?"며 선 채로 세 젓가락 정도 라면을 먹은 뒤 박OO 일병에게 타워 3에 설치한 망원경을 타워 9로 다시 옮겨 놓으라고 지시하고 밖으로 나갔다.

잠시 뒤 K병장은 식사를 마치고 막사에서 책 한 권을 가지고 나와 소대장실 밑 난간에 앉아 읽었다. 그때 뒤에서 "춥지 않냐?"는 김훈 중위의 목소리가 들려왔다. K병장은 뒤를 돌아보며 "날이 따뜻해서 괜찮습니다."라고 대답했다. 그러자 김훈 중위는 빙그레 웃으면서 소대장실과 식당 사이로 들어갔다고 한다.

얼마 뒤 K병장은 소대장의 이야기도 있고 해서 막사로 들어가 책을 보다가 자신도 모르게 까무룩 잠이 들었다고 한다. 얼마나 시간이 지났을까? 얼마나 잠을 잤는지 알 수 없는 상황이었는데, 한OO 병장이 잠을 깨웠다고 한다. 운전면허증을 따러 부대 밖으로

내려간다며 선임 분대장인 자신에게 신고를 하러 왔던 것이다.

그때였다. 몇 마디 대화를 나누는데 비상 사이렌이 울렸다고 한다. 그는 본능적으로 관물대에 비치된 개인 장구를 들고 중앙통제실로 달렸다. 비상이 발령되면 모든 병력은 완전군장을 한 뒤 중앙통제실로 모여 정확한 상황을 보고받고, 크레모아 격발기를 나눠받도록 평소 훈련이 되어 있었기 때문이다.

한편, 처음 비상이 발령되었을 때 K병장은 '오늘도 가상교육인가?'라고 생각했다고 한다. 그러나 중앙통제실로 달려가는 동안 소대원들이 전해주는 상황 전파를 통해 그는 비상 발령이 실제 상황이라는 것을 알게 되었다고 한다.

당시 상황 전파는 모두 3번. 1차 전파 때는 '소대장님이 쓰러져 계신다(소대장실 앞)', 2차 전파는 '소대장님이 피 흘리고 쓰러져 계신다(식당 앞)', 그리고 모든 병력이 중앙통제실에 모인 뒤 통제실 근무병으로부터 들은 마지막 전파에 따르면 '소대장님이 3번 벙커에서 저격당했다'는 것이었다고 한다.

실제 상황이라는 것을 안 K병장을 비롯한 병사들은 무척 긴장했다. 처음 겪어보는 실제 상황 앞에서 소대원들은 통제실 근무병이 나눠주는 크레모아 격발기를 지급받은 뒤 각자 자신이 맡도록 되어 있는 벙커를 향해 숨 가쁘게 달려 나갔다. 이때 K병장은 자신이 선임 분대장임을 의식하고 사건이 일어났다는 3번 벙커로 달려갔다고 한다. 이유는 비상 발령 직후 소대장이 북한군에 의해 저격당한 것이라고 믿은 병사들이 3번 벙커로 가는 것을 꺼려했기 때문이었다.

그런데 바로 이때, 김훈 중위 사망 시각과 관련한 논란이 빚어지는 돌발적인 상황이 있었다. K병장이 3번 벙커로 달려가면서 "지금 몇 시야?"라고 외치자 누군가가 "11시 40분입니다."라고 하는 소리를 들었던 것이다. 이는 사건 초기 군 수사팀이 12시에서 12시 20분 사이에 김훈 중위가 죽었다는 발표와 차이가 있는 것이었다.

그런데 특조단 조사를 거치면서 K병장은 한때 이 진술을 뒤바꾼다. 11시 40분이라고 들었다는 K병장에 대해 '다른 소대원들은 모두 12시 29분경이라고 하는데 왜 너만 11시 40분이라고 하냐'며 특조단 수사관이 진술을 바꿀 것을 강하게 압박했던 것이다. 이 같은 압력에 더 이상 견딜 수 없었던 K병장은 결국 특조단이 원하는 대로 진술을 바꿀 수밖에 없었다고 고백했다. 하지만 K병장은 자신의 기억이 틀림없다고 말했다.

훗날 이것은 사실로 확인되었다. 비상 시각의 가장 중요한 기준인 점심 밥차 도착 시각에 대해 새로운 사실이 밝혀졌기 때문이다.

사건이 있던 그날, 241GP에 점심 밥차가 도착하자 식사 보고를 위해 김훈 중위를 찾던 소대원이 그의 죽음을 처음으로 확인한 뒤 비상이 걸렸기 때문에, 관건은 과연 밥차가 언제 도착했느냐가 중요했다. 그런데 사건 당시 소대원들은 한결같이 밥차 도착 시각을 12시라고 못 박아 진술했다. 그리고 특조단은 이를 근거로 K병장이 들었다는 11시 40분은 착각이라고 주장해왔다.

그러나 2009년 10월 군 의문사 진상규명위원회가 발표한 김훈 중위 사건 수사 결과에 따르면 이는 모두 사실이 아니었다. 특조단 조사 당시 밥차가 늘 12시에 도착한다고 진술했던 소대원들이 진술을 바꾼 것이다. 그들은 '사실 밥차는 늘 11시 30분부터 12시 사이에 온다'고 말했다.

한편, 식사 보고를 하기 위해 김훈 중위를 찾는 데 무려 20여 분이 걸렸다는 당시 소대원의 진술 역시 사실이 아닌 것으로 결론이 났다. 군 의문사 진상규명위원회가 발표한 보고서에 따르면 '(소대원이)식사 보고를 위해 이동했다는 경로는 일반적인 발걸음으로도 20여 분까지 소요되기 어렵고, 또 가장 어린 후임병이 소대장에게 식사 보고를 하는데 이 경우 경비중대의 특성상(경비중대의 일병은 241GP에서 걸어 다닐 수가 없다. 특히 식사 보고 시 걸어 다니다가 상병이나 병장에게 발견되면 구타와 얼차려를 받게 된다) 걸어 다녔다는 주장은 믿기 어렵다'고 판단한 것이다.

나아가 당시 소대원이 소대장을 찾지 못해 보고도 하지 못한 상황에서 한술 더 떠 중간에 식당에서 영화도 보고, 또 두 번에 걸쳐 각 2분 동안 명상도 하다 보니 무려 20여 분이나 지나 소대장을 찾았다는 진술에 대해서도 당시 경직된 공동경비구역 2소대의 분위기를 고려해볼 때 믿기 어려운 주장이라고 판단한 것이다.

하지만 거기까지였다. 그러한 거짓말이 왜 필요했는지 근본적 이유에 대해서는 아무런 조사가 이루어지지 않았다. 결국 이 같은 조사 결과를 바탕으로 짐작해보면 K병장의 주장처럼 11시 40분에 비상이 걸렸다는 주장이 전혀 틀리지 않는 말이 된다.

K병장이 말한 11시 40분이 틀리지 않는 말임을 뒷받침하는 근거는 또 있었다. 바로 241GP 2소대로부터 비상 발령을 처음 받은 대대 정보병 3명의 공통된 진술이 바로 그것이다. 군 의문사 진상규명위원회에서 확보한 진술에 따르면 대대 식사는 오전 11시 30분 정각에 시작하고, 정보병들은 점심시간에 줄을 서지 않고 바로 식사를 하는데, 이날 밥을 먹지 못했다고 했다. 즉, 3명의 정보병 모두 11시 30분 이전에 비상이 걸려 식사를 하지 못한 것

으로 진술한 것이다.

그렇다면 비상 발령 뒤, K병장이 상황실로 뛰어가면서 그곳에서 격발기를 받은 다음, 다시 3번 벙커로 뛰어가면서 시각을 물어봤을 때 들었다는 11시 40분이 정황상 맞는 것으로 판단할 수밖에 없다. 따라서 유족은 김훈 중위가 특조단의 주장과 달리 11시 40분 이전에 이미 죽은 것으로 의심하지 않을 수 없었다.

벙커를 방문한 사람들

한편 중앙통제실에서 크레모아 격발기를 들고 바로 3번 벙커로 달려간 K병장은 막상 벙커가 가까워지자 겁이 나기 시작했다고 한다. 그런데 뜻밖에도 그곳에는 자신보다 먼저 도착해 있는 사람이 있었다. 소대 선임하사인 K부소대장이 3번 벙커 입구에 서 있었던 것이다. 그런데 K병장을 본 부소대장은 느닷없이 "더 이상 오지 마. 네 뒤를 통제해."라고 지시했다. 이에 K병장은 "2번과 3번 벙커에 투입될 인원은 어떻게 합니까?"라고 물었고, K부소대장은 "4번 벙커로 모두 넣어."라고 지시했다.

K병장은 순간적으로 뭔가 이상하다고 생각했다. 그것은 북한군

의 저격인지 아닌지 확인되지 않는 상황에서 북측의 도발 저지를 위해 중화기가 배치된 벙커를 모두 포기하라는 지시였기 때문이었다.

아무튼 K병장은 지시에 따라 병력을 모두 4번 벙커에 투입한 뒤 자신만 3번 벙커에서 서너 발짝 떨어진 자리에서 다른 병사의 접근을 막았다. 그리고 잠시 뒤, K병장은 K부소대장이 모토로라 무전기에 대고 암호로 "나는 K부소대장인데 아마도 소대장이 자살한 것 같다."는 말을 중앙통제실로 보고하는 것을 들었다고 한다.

바로 그때였다. K병장은 이해가 가지 않는 한 장면을 보게 된다. 3,4미터 가량 떨어진 상태에서 K부소대장과 K병장은 아무런 말도 없이 서로 마주보고 있었는데 갑자기 K부소대장이 손가락 두 개를 펼쳐 바닥에 문지른 뒤 자신의 코에 갖다 대면서 "아마도 이게 화약인 것 같다."고 했다는 것이다.

하지만 K병장이 틀림없이 듣고 보았다는 이 장면에 대해 K부소대장은 헌병대와 특조단 수사 과정에서 '그런 행동을 한 적이 없다'며 전면 부인했다. K병장은 당시 K부소대장의 행동도 이상했지만, 자신이 틀림없이 본 그 일에 대해 왜 아니라고 하는지 이해가 되지 않는다고 말했다. 정말 K병장이 잘못 본 것일까?

한편, 그런 상태에서 10분 정도 흘렀을 때 대대장 러펜버그가 GP

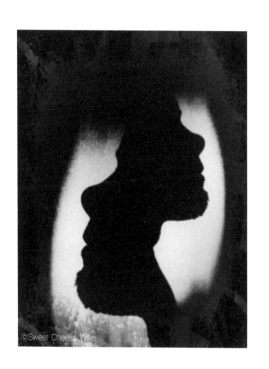
©Sweet Cheeks Willie

에 올라왔다는 연락이 무전기를 통해 들려왔다. 대대장 도착 연락을 받은 K부소대장은 K병장에게 "대대장을 데리고 올 테니 네가 여기를 통제해."라고 지시한 뒤 사다리를 타고 지상으로 올라갔다. K부소대장이 자리를 떠난 뒤 K병장은 지금이라도 소대장을 봐야겠다는 생각을 했다고 한다. 방금 전 자신이 책을 볼 때 춥지 않느냐며 걱정해주던 소대장이 쓰러져 있는데 그것을 직접 봐야만 믿을 수 있을 것 같았기 때문이었다.

K병장은 조심스럽게 3번 벙커를 가리고 있는 비닐 천막을 젖히고 한 발을 벙커 안으로 들여놓은 채 안을 들여다보았다. 정말 그곳에는 김훈 중위가 한쪽 구석에 주저앉은 채 숨져 있었다. 길어야 약 5초 정도였을 뿐이지만 K병장은 그때 본 김훈 중위의 모습을 결코 잊을 수 없다고 했다. 왼쪽 뺨으로 흐르는 한줄기 피, 그리고 코에서 흐르는 피를 보고서야 '정말 소대장님이 숨졌구나!' 라며 가슴이 무너지는 것을 느꼈다고 한다.

멍한 충격으로 서 있은 지 1분이 채 되지 않았을 때였다. 대대장 러펜버그의 운전병인 미군 홀데리스가 3번 벙커 앞으로 다가왔다. 그는 대대장에게 지시를 받았으니 자신과 임무를 바꾸자며 자리를 비켜 달라고 요구했다. K병장은 그의 요구에 따라 자리를 비켜주는 대신 그와 서너 발짝 떨어진 곳에서 3번 벙커 입구를 정면으로 쳐다보며 서 있었다고 한다. K병장은 자기 소대의 소대장이 죽었는데 미군에게 그 자리를 내주고 비켜야 하는 것에 순간적으로 서글픈 생각이 들었고, 그래서 자리를 비켜주고도 떠나지 않은 채 3번 벙커 앞에 서 있었다고 했다.

그렇게 말없이 미군과 마주보며 1,2분쯤 서 있을 때였다. 타워 3에서 사다리를 타고 대대장 러펜버그와 K부소대장이 3번 벙커로 내려왔다. 그리고 대대장이 사고가 난 3번 벙커에 혼자 들어갔다가 이내 씁쓸한 표정을 지으며 나온 뒤 다시 K부소대장과 지상으로 올라갔다.

3번 벙커에 먼저 온 것은
군의관 아리스 대위가 아닌 포터 하사였다

대대장이 현장에 다녀간 뒤 K병장은 여러 사람이 벙커를 방문했던 것으로 기억하고 있었다. 대대장 다음에 벙커를 찾은 사람은 미 정보 장교 클라크 대위였다. 그는 3번 벙커에 들어가서 아주 짧은 시간 동안 있다가 다시 밖으로 나왔다. 다음 방문자는 김훈 중위 소대의 중대장인 김익현 대위였다. 그는 3번 벙커 내부를 들여다본 뒤 밖으로 나와 K병장의 어깨를 두 번 툭툭 치고 나갔다.

그렇다면 당시 벙커를 방문한 이들은 철모를 쓰고 있었을까? 아니면 천으로 된 전투모를 쓰고 있었을까? K병장은 이에 대해 분명하게 기억하고 있었고 그렇기에 자신 있게 증언했다. K부소대장과 운전병 홀데리스, 대대장 러펜버그, 클라크 대위, 중대장 김익현 모두 철모가 아닌 천으로 된 전투모를 쓰고 있었다고 했다.

한편, K병장은 철모의 주인이 누구인지에 대한 논란을 잠재울 수 있는 결정적인 증언을 하기도 했다. 즉, 군의관 아리스 대위와 사진을 찍은 포터 하사 가운데 누가 먼저 현장에 도착했는가와, 그리고 사진은 언제부터 찍었는지를 확인해 주는 부분이었다.

K병장은 이와 관련해서 아주 중요한 기억을 가지고 있었다. 그것은 클라크 대위와 김익현 중대장이 다녀간 바로 뒤의 일이었다. 누군지 모르지만 미군 한 명이 자신이 서 있던 앞을 지나 3번 벙커 안으로 들어갔다는 것이다. 그 뒤 K병장은 3번 벙커의 반쯤 가려진 비닐 천막 사이로 카메라 후레쉬가 터지는 것을 봤다고 했다. K병장은 그때 '방금 들어간 사람이 사진을 찍고 있구나' 라고 생각했다

고 한다.

　누군가 벙커 안에서 사진을 찍은 지 4,5분이 지날 무렵, 중대본부 소속 위생병으로 평소 몇 번 얼굴을 본 적이 있는 L병장이 흑인 미군과 함께 드르륵 소리를 내며 바퀴 달린 들것을 밀고 통로로 들어오는 것이 보였다. 그리고 들것 앞에는 처음 보는 얼굴의 한 미군이 서 있었다고 한다. K병장은 당시 그가 군의관이라는 사실을 몰랐다고 한다. 그러나 그 미군이 도착하자 대대장 러펜버그와 부소대장이 타워 3에서 다시 내려왔고 이어 그 미군이 대대장과 대화하는 과정을 지켜보면서 '군의관이 도착했구나' 하고 생각했다고 한다. 그렇다면 그때 군의관 아리스는 철모를 쓰고 있었을까? K병장의 진술은 놀라웠다.

　"분명하게 기억하는데 미군 군의관 아리스는 철모가 아닌 천으로 된 전투모를 쓰고 현장에 왔습니다."

　K병장은 아리스 대위가 철모를 쓰지 않았다는 사실을 어떻게 분명하게 기억한다고 주장할까? K병장은 그때 철모를 쓴 사람은 오직 한 명이었고, 그 사람은 바로 자신이었다고 한다. 그래서 다른 사람들이 철모를 쓰지 않았다는 것을 분명하게 기억한다고 했다.

K병장은 군의관 아리스 대위뿐만 아니라 자신이 현장에 있는 동안 철모를 쓰고 3번 벙커를 방문한 군인은 아무도 없었다고 단호하게 말했다. 현장에서 철모를 쓰고 경계 근무를 섰던 K병장의 목격만큼 신빙성 있는 증거는 없을 것이다.

그러나 더 중요한 사실이 있었다. 그것은 바로 군의관 아리스 대위가 현장에 철모를 쓰고 왔건, 그렇지 않건 상관없이 사진에 찍힌 철모는 적어도 아리스 대위의 철모일 수는 없다는 사실이었다.

K병장은 군의관이 도착하기 4,5분 전에 3번 벙커 안에서 카메라 후레쉬가 터졌다고 했다. 만약 이 진술이 사실이라면, 이는 특조단의 주장과 달리 현장의 철모는 아리스 대위의 것이 아니라는 결정적인 증거가 된다. 의혹의 열쇠는 미 정보장교 클라크 대위의 진술서에 담겨 있었다. 참고로 클라크 대위는 당시 벙커 안의 사진을 찍었던 포터 하사를 3번 벙커로 안내해준 미군이었다.

클라크 대위의 진술

클라크 대위가 쓴 진술서를 보면, 그는 대대장 러펜버그에게 현장 사진을 찍자고 제안하여 허락을 받은 뒤 포터 하사를 3번 벙커로 데려가 현장 사진을 찍도록 지시했다고 진술했다. 그 뒤 소대장실로 가서 최초 목격자와 부소대장을 상대로 진술서를 받았다. 그러던 중 시간이 좀 지나 군의관 아리스 대위가 앰뷸런스를 타고 GP에 도착한 사실을 알게 되었고, 이에 자신이 다시 아리스 대위를 3번 벙커로 안내했다고 진술했다. 이 같은 클라크 대위의 진술서를 통해 나는 미 군의관 아리스가 도착하기 앞서 포터 하사가 먼저 3번 벙커에 들어가 사진을 찍었다는 K병장의 목격담이 사실이라는 것을 분명하게 확인했다.

무엇보다 클라크 대위의 이 같은 진술은 특조단의 주장을 뒤집는 내용이었다. 특조단은 수사 결과 발표에서 현장에 먼저 들어간 사람은 아리스 대위라고 했다. 그래야만 김훈 중위의 상태를 확인한 아리스 대위가 권총 위에 철모를 벗어놓을 수 있으며, 이어 대대장 보고를 위해 밖으로 나간 사이 포터 하사가 철모와 권총을 촬영할 수 있기 때문이다. 문제는 특조단의 주장과 달리 벙커 안으로 먼저 들어간 사람은 아리스 대위가 아닌 포터 하사라는 것이 우리가 확인한 진실이었다.

이런 사실을 뒷받침해주는 또 다른 공식 문서를 확보하면서 우리는 특조단의 주장이 잘못된 것이라는 확신을 다시 한 번 갖게 되었다. 그것은 바로 사건이 벌어진 그날 대대 정보병으로 근무했던 장OO 상병이 작성한 사건 보고서였다.

사건이 벌어진 날, 대대 정보병 장OO 상병은 241GP 중앙통제실에서 시간별로 방문자를 기록하고 있었다. 이를 근거로 작성한 정보병 장OO 상병의 사건 보고서에는 이렇게 적혀 있었다.

13:00 안 소령, 코빙턴 상사, 클라크 대위, 포터 하사가 OPO(관측소)에 올라옴. 상황 해제, 13:25 메딕 앰뷸런스 OPO에 올라옴.

즉 아리스 대위가 탄 앰뷸런스가 241GP를 방문한 시각은 13시 25분이었으며, 포터 하사보다 적어도 25분 늦게 현장에 도착한 것으로 되어 있었다. 당사자인 아리스 대위가 직접 작성한 〈판문점 사고 관련 사망 보고서 98. 2. 25〉에서도 '총상을 인지하자마자 앰뷸런스는 대략 13:00쯤 OPO로 급파되었다. 앰뷸런스는 OPO에 대략 13:10쯤 도착하였다'고 기록되어 있었다.

이 같은 정보장교 클라크 대위, L병장, K병장, 정보병 장OO 상병, 당사자인 미 군의관 아리스 대위의 진술을 바탕으로 분석해보면, 특조단의 주장과 달리 유감스럽게도 현장에 먼저 도착하고 벙커에 먼저 들어간 사람은 포터 하사였다.

살인자의 이름이 적힌 철모

하경근 의원은 철모에 대한 의혹을 규명하기 위해 국방부와 국회, 인권단체가 참여한 가운데 철모 사진의 원판 필름을 확대해 철모에 쓰인 이름을 확인하자고 제안했고, 국방부는 이 제안을 흔쾌히 받아들였다. 하지만 지금까지 국방부는 이 약속을 지키지 않고 있다.

K병장의 목격 진술을 뒷받침하는 여러 근거 자료와 진술을 확보한 뒤 우리는 특조단의 주장을 반박하고 의혹이 제기된 철모와 관련해 재수사를 촉구하기 위해 기자회견을 열었다.

1999년 5월 3일, 명동 가톨릭회관에서 가진 이날의 기자회견에서 우리는 위생병 L병장과 K병장의 진술, 그리고 여러 미군의 진술서 분석을 통해 얻은 결론을 종합해 현장에서 발견된 철모가 미 군의관 아리스 대위의 것이라는 특조단의 주장을 반박하고, 의혹이 제기되는 철모에 대해 다시 수사해줄 것을 강력하게 요구했다.

그리고 이를 위해 1999년 4월 14일 특조단 수사 결과 발표 당시 천용택 국방부 장관이 국방위원회 소속 의원들과 약속했던 사항을 이행하라고 압박했다. 그것은 현장을 촬영한 사진 원판 필름을 확대해 철모에서 희미하게 드러나는 이름표를 확인해보자는 하경근 의원의 당시 요구에 '그렇게 하자'며 당당하게 말했던 국방부 장관의 약속을 말하는 것이었다.

나는 아직도 김훈 중위 사건의 진실을 밝힐 수 있는 핵심 단서는 바로 철모에 얽힌 의혹이라고 믿고 있다. 당시 현장에서 발견된 문제의 철모에는 두 개의 야광 띠가 붙어 있었다. 이 야광 띠의 용도는 야간 이동시 뒷사람이 볼 수 있도록 하기 위한 것이다. 그런데 경비대대 소속 병사들은 두 개의 야광 띠에 자신의 이름을 써 놓았는데, 예를 들어 야광 띠 하나에는 한글로 이름을 쓰고 다른 야광 띠에는 영문 이니셜을 썼다고 한다. 신병이 전입 와서 가장 먼저 하는 일도 각자 철모에 야광 띠를 붙이고 이름을 써 넣는 일이었다고 전역병들은 말했다.

그렇다면 미군의 경우는 어떠했을까? 한국군과 달리 미군은 아무것도 쓰지 않는다고 한다. 대신 미군은 철모의 계급장 바로 밑에 실로 이름을 수놓는다고 했다. 그렇다면 특조단의 주장처럼 현장에서 발견된 철모가 미군 군의관의 것이라고 한다면 그 야광 띠에는 아무런 표식이 없어야 정상이다. 그런데 우리가 의심을 품은 것은 문제의 철모 야광 띠에 이름 석 자가 희미하게 보인다는 사실이었다.

우리는 하경근 의원실에서 컴퓨터 스캔을 통해 철모의 야광 띠를 크게 확대해보았다. 하지만 글씨가 써 있는 것은 틀림없었지만 이름을 밝혀내는 데는 실패했다. 이에 하경근 의원은 국방부 장관에게 철모에 대한 의혹을 규명하기 위해 국방부와 국회, 인권단체가 참여한 가운데 철모 사진의 원판 필름을 크게 확대해 뭐라고 써 있는지 확인해보자고 제안했다. 그리고 국방부 장관은 이 제안을 당당하게 받아들였다.

그런데 그렇게 자신만만하게 약속했던 국방부는 지금까지 이를 지키지 않고 있다. 국방부는 왜 장관의 약속을 파기한 채 오늘까지 아무 대답을 하지 않고 있는 것일까? 진실을 밝히려는 의지를 국방부는 가지고 있는 것일까? 나는 국방부의 침묵을 이해할 수 없다.

현장에 철모가 있었다면 그것은 살인자의 것이다

시간이 지나면서 특조단의 거짓말은 하나씩 드러났다. 무엇보다 현장에서 발견된 철모를 왜 숨겼냐는 하경근 의원의 추궁에 '숨긴 사실이 없고 다만 조사해본 결과 철모가 미 군의관 아리스 대위의 것으로 판명 나 이 사건의 핵심과 관련이 없어 밝히지 않은 것이며, 또한 1999년 1월 14일 241GP 현장 검증을 갔을 때 함께 방문했던 미 법의학자인 노여수 박사에게도 철모와 관련한 말을 했고, (노여수 박사가)아무런 문제도 제기하지 않았다'고 답변했다.

즉, 당시 현장 검증 과정에서 노여수 박사에게 현장에서 철모가 발견된 사실이 있고, 미군 군의관의 것이라는 설명을 해주었다는 것이었다. 그리고 이들 관련 자료를 모두 살펴본 노 박사 역시 현장에서 발견된 철모가 미군 군의관 것임을 인정했다는 주장이었다. 우리는 특조단의 주장이 사실인지 확인하기 위해 곧바로 노여수 박사가 있는 미국으로 팩스를 보냈다.

1999년 4월 23일. 노여수 박사의 팩스 회신은 생각보다 빨리 왔다. 답은 우리를 흥분케 했다. 노 박사는 '철모의 존재는 현장에 살인범이 있었고 살인범이 김훈 중위의 머리를 때리기 위해 그 철모를 필시 사용했다는 명백한 증거입니다. 어떻게 본인이 그런 사진의 중요성을 간과하거나 무시할 수 있겠습니까? 본인은 그런 사진을 전혀 본 적도 없고 어느 누구와도 논한 바 없습니다.'는 회신이었다.

우리는 특조단의 주장과 다른 노 박사의 답변에 대해 특조단에 해명을 요구했다. 하지만 그뿐이었다. 특조단과 노 박사 가운데 누군가는 거짓말을 하고 있는 것이 틀림없는데, 우리의 해명 요구에 대해 특조단은 더 이상 어떤 말도, 어떤 해명도 하지 않았다.

언론도 마찬가지였다. 남은 것은 오직 유족의 고통과 억울함을 토로하는 절규뿐이었다. 그리고 진실이 말라 죽어가는 것을 힘없이 지켜볼 수밖에 없는 우리의 처지는 가슴을 푸석푸석 타들어가게 했다.

1999년 5월 3일, 철모 관련 기자회견을 통해 새로운 공방을 기대했으나 언론은 단 몇 줄만 보도했을 뿐이었다. 그렇게 특조단이 원하는 대로 세상의 관심은 김훈 중위 죽음 의혹에서 한없이 멀어져 갔다.

그날 이후 나는 기회가 있을 때마다, 그리고 업무상 이른바 보도 소스를 찾기 위해 연락해오는 기자들에게 김훈 중위 사건이 이대로 묻히는 것은 너무나 억울한 일이라며 침이 마르도록 정성껏 설명했다. 그러나 그들의 답은 나를 절망하게 했다.

"데스크가 좀 생각이 달라서…."
"민사소송에서 언론사가 지면서 이 문제를 다루는 것이 좀 껄끄럽다고 다들 생각해서…."

사건의 진실과 상관없는 이유로, 그들은 김훈 중위 사건을 자꾸만 언급하는 나까지도 부담스럽게 생각하고 있었다. 그리고 시간이 흘러갔다. 나는 목에 걸린 가시를 빼지도 삼키지도 못한 상태에서 내 뜻과 관계없이 천주교 인권위를 떠나야 했다.

4장

법정에 진실을 묻다

민사소송, 그리고 패소

1심 판결은 우리를 비참하게 만들었다. 김훈 중위 어머니는 재판에 진 뒤 그 커다란 서초동 법원 로비에서 울부짖었다. "여기 대한민국 맞나요? 나는 국민입니다. 여기가 법치국가인 대한민국 맞나요? 어떻게 이런 판결을 내릴 수 있나요? 우리가 정말 국민인가요?"

김훈 중위 사건에서 한 발 물러서 있을 때 유족이 찾은 새로운 돌파구는 법정이었다. 사건 초기부터 진상규명을 위해 헌신적으로 일해오던 이덕우 변호사가 사건을 맡은 가운데 1999년 12월 9일, 국방부의 잘못된 수사로 입은 피해를 배상하라는 민사소송을 제기한 것이다. 이를 통해 국방부 수사의 문제점이 무엇인지를 밝혀내어 다시 한 번 재수사를 요구할 수 있는 명분을 찾고자 했던 것이 유족의 뜻이었다.

기간이 딱히 정해져 있지 않은 민사소송에서, 그것도 진실에 대해 유족과 국방부의 주장이 팽팽하게 맞서 있는 상황에서 재판부의 고심은 대단했을 것이다. 무엇보다 이 사건의 경우, 판결 내용에 따라 엄청난 정치적 파장도 예상될 수 있으므로 재판은 무척 신중하게 진행되었다. 하지만 우리는 특조단의 수사 결과를 반박할 수 있는 많은 근거와 입증 자료를 가지고 있었기 때문에 재판 결과가 결코 우리에게 불리하지 않을 것이라고 믿었다. 말로는 '재판은 해봐야 안다, 장담할 수 없다, 마음을 비우고 최선을 다하자'고 했지만 속으로는 이길 수 있을 것임을 의심하지 않았다.

그러나 놀랍게도 1심 판결은 우리를 비참하게 만들었다. 패소였다. 공교롭게도 1심 판결이 있던 날(2002년 1월 31일) 지방 출장 중이 었던 나는 차 안에서 흘러나오는 라디오 뉴스를 통해 그 사실을 알 게 되었다. 한마디로 충격 그 자체였다. 김훈 중위 어머니의 충격과 분노는 더욱 컸다. 어머니는 재판에서 진 뒤 그 커다란 서초동 법원 로비에서 울부짖었다고 한다.

"여기 대한민국 맞나요? 나는 국민입니다. 여기가 법 치국가인 대한민국 맞나요? 어떻게 이런 판결을 내릴 수 있나요? 우리가 정말 국민인가요?"

어머니의 그 처절한 절규가 죽어간 김훈 중위의 영혼을 조금이 나마 위로했을까?

복잡했던 1심 판결 내용

결과는 진 재판이었지만 1심 판결문을 정확히 표현한다면 내용은 무승부라고 하는 것이 정확한 것이 아닐까 생각한다. 심리를 종결 하던 날 재판장은 '오늘 심리를 그만 끝내도 되겠냐'고 양쪽 대리

인에게 물었다. 우리는 아쉽지만 후회 없이 최선을 다했다고 생각했고, 반대로 국방부 쪽은 압도당한 불안감 때문인지 끝내지 말고 몇 명의 증인을 더 불렀으면 한다는 의견을 냈다.

재판장은 '증인 신청을 하려면 진작 했어야지 지금 와서 그들을 부른다고 다른 진술을 하겠느냐, 어차피 1심으로 끝날 사건도 아니니 2심에 가서 다시 한 번 판단을 구해보고 1심 심리는 이것으로 끝내자'고 했다. 나는 재판장의 말을 어리석게도 우리의 손을 들어주기 위한 전주곡으로 해석했다. 그러나 재판에 진 뒤 장문의 1심 판결문을 팩스로 받아본 나는 멍한 기분이었다.

판결문을 간단하게 정리하면, 앞에서는 국방부 쪽의 손을 들어주었다. 예를 들어, 김훈 중위가 자살했다는 특조단의 근거에 대해 재판부는 한 병사의 진술을 사실로 인정해주었다. 사건이 일어난 그날 새벽 6시 10분경, 김훈 중위 소대의 김OO 일병이 김훈 중위가 하늘을 바라보며 눈물을 글썽이는 것을 2,3미터 떨어진 곳에서 봤다는 것이다. 특조단은 이 병사의 진술이 김훈 중위가 자살한 정황이라며 중요한 근거로 삼았다.

반면 이에 대해 유족은 사고 지역인 경기도 문산의 당일 해 뜬 시각이 새벽 7시 11분이고, 또한 김 일병이 눈물을 글썽이는 김훈 중위의 모습을 봤다는 그곳 주변에는 별다른 불빛 시설이 없어 아주 깜깜한 상태였는데 어떻게 눈물을 글썽이는 모습을 봤겠냐며 신빙성이 없다고 반론했다. 하지만 이런 합리적인 의문을 제기하는 유족의 주장에 대해 재판부는 이유 없다고 결론 내렸다. 그러한 판단 근거가 기가 막혔다.

재판부는 '(사병) 김○○이 위와 같이 (수사관에게) 진술한 것이 사실인 이상 특조단이 이렇게 발표한 것을 가리켜 조작이라고 볼 수는 없다' 는 것이 모두였다. 즉, '그가 그렇게 주장하니 그것이 맞다' 는 논리였다. 불빛 하나 없는 깜깜한 상태에서, 그것도 2,3미터나 떨어진 곳에 있던 그가, 흘러내리는 것도 아닌 그저 '글썽' 이는 수준의 눈물을 봤다는 것을 도대체 어떻게 믿으라고 하는 것인지 이해할 수 없었다.

잘못된 진술을 근거로 잘못된 판결을 내리다

그런데 나중에 이것조차도 사실이 아닌 것으로 밝혀졌다. 우리의 판단이 옳았음이 훗날 군 의문사 진상규명위원회 조사에서 확인된 것이다. 그날 김훈 중위가 하늘을 올려다보며 눈물을 글썽이는 모습을 봤다고 진술한 김OO 일병이 진술을 뒤바꾼 것이다. 김OO 일병이 군 의문사 진상규명위원회에서 진술한 내용은 다음과 같다.

"(특조단 조사를 받을 당시)병장 휴가를 나와서 송파에 있는 곳인데, 기무사인지 국정원인지는 모르겠지만 잠실에서 만나 기다리고 있던 사람들의 차에 타 눈을 가리고 이동해서 조사를 받은 적이 있다. 망인이 우울해 있다고 생각했다. 왜냐하면 그곳에서는 일병이 걸어 다닐 수가 없어 늘 뛰어 다녔는데, 인기척을 느낀 소대장이 한번쯤 돌아봐야 하는데 그렇지 않아 옆모습만을 보았던 것 같다."

이어 조사관이 '새벽 시간에 뛰어가면서 김훈 중위의 옆모습만을 보고서도 어떻게 눈물을 보았냐'고 묻자 '눈물을 흘리는 것을 보았다는 것은 과장된 표현이었고 사실이 아니라고 생각한다'고 답했다.

결국 특조단이 중요 참고인의 눈까지 가린 채 이해할 수 없는 공포 분위기 속에서 조사 장소로 데려가서는 사실이 아닌 진술을 받아냈고, 법원은 이처럼 잘못된 진술을 근거로 잘못된 판결을 내리게 된 것이다.

한편 판결문 앞에서 승리한(?) 국방부는 뒤로 가면서 재판부의 꾸중을 듣게 된다. 재판부가 쟁점 부분으로 들어가면서부터는 오히려 유족의 주장을 전적으로 받아들인 것이다. 다시 말해, 재판부는 김훈 중위 사건에 대한 국방부의 초동수사가 소홀했음을 인정했고, 이러한 수사 소홀 때문에 이후 수사에 어려움을 불러일으킨 원인을 제공했다고 인정했다. 그리고 수사 결과를 발표하는 데 있어 특조단이 자살의 증거로 삼은 판단이 적절하지 않다고 지적했다. 그러면서 재판부는 의문사 사건에 있어 잊힐 수 없는 명언을 남겼다. 아마 재판부도 이 말을 판결문에 넣기 위해 상당히 고심하지 않았을까 생각한다.

"(김훈 중위 사망 사건은 기존의 결과에서) 새로운 결정적 증거가 나타나지 않는 한 누구나 수긍할 수 있는 진실을 발견한다는 것은 이미 인간의 능력 범위를 벗어난 듯하다."

재판부는 결국 인간의 능력 범위를 벗어났다는 이유를 들어 유족의 청구를 기각했다. 앞서 말한 것처럼 국방부 쪽에 크게 세 가지 잘못이 있음을 인정하지만, 그 잘못에 대한 고의성은 인정되지 않아 손해배상의 책임은 없다는 판결이었다.

1심 재판부가 심리를 마치던 날, '어차피 1심에서 끝날 것도 아니고 또 누가 이기든 항소를 할 것이니 2심에서 다시 한 번 판단을 구해보라'는 말을 왜 했는지 판결문을 보고서야 그 참 뜻을 알 수 있었다.

싸움과 반항 흔적이 있었음을
인정한 법정

자살은 아무에게도 방해받지 않고 부산스럽지 않은 가운데 엄숙하게 자신의 마지막을 스스로 결정하는 자리다. 그런데 만약 그런 자리에서 누군가와 격렬하게 다투거나 반항한 흔적이 있다면 과연 그러한 죽음을 자살이라 판단할 수 있을까?

경기에서는 이기고 승부에서는 졌다는 말이 있다. 결과야 어찌되었든 우리가 원하는 승소는 아니었지만 그래도 재판부는 아주 중요한 몇 가지 부분에서 원고 쪽의 손을 들어주었다. 비록 우리가 아주 중요하게 제기한 철모 의혹에 대해서는 재판부가 '우리의 주장을 믿지 아니한다'는 말만으로 국방부의 손을 들어주었지만 말이다.

그 가운데 하나가 현장 유류품의 조작 가능성에 대한 인정이었다. 재판부는 누군가에 의해 적어도 한 차례 이상 현장이 조작되었다고 판단했다. 대표적인 예가 바로 김훈 중위 오른쪽에서 발견된 모자였다. 김훈 중위가 발견된 3번 벙커에는 기관총 거치대가 있었고, 거치대가 놓인 모래주머니 위에는 김훈 중위가 갖고 다니던 가죽 장갑과 수색 정찰계획표가 몇 장 넘겨진 상태에서 서로 겹쳐지도록 비스듬히 놓여 있었다. 그러나 전투모는 그곳이 아닌 예비 총열 박스 위에 따로 떨어져 있었다.

우리는 특조단의 발표대로 김훈 중위가 만약 미리 자살하기로 결심하고 3번 벙커로 들어갔다면, 자살을 앞둔 사람이 그 상황에서 수색 정찰계획표를 넘겨봤겠냐는 상식적인 의문을 제기했다(3번 벙커에서 장갑과 함께 모래주머니 위에 놓여 있던 수색 정찰계획표는 몇 장이 넘겨진 상태에서 발견되었고, 이는 김훈 중위가 죽기 앞서 이것을 넘겨보고 있던 상태였음을 뜻한다). 그리고 자살할 경우 유품을 나란히 놓는 것이 상식적인데 유난히 모자만 따로 허리를 굽혀 바닥의 예비 총열 박스 위에 내려놨겠냐고 반문했다.

특조단은 이에 대해 그것은 자살하는 사람만이 아는 내용이며 또 그럴 수도 있고 안 그럴 수도 있는 문제인데 그것이 무슨 의혹이냐며 처음엔 무시했다. 그러더니 막상 수사 결과 발표에서는 부소대장의 번복된 진술을 근거로 '처음엔 모자와 장갑을 비롯해 유품들이 나란히 기관총 거치대 위에 놓여 있었으나, 사체 발견 직후 부소대장이 벙커 안으로 들어가면서 실수로 모자를 땅에 떨어뜨렸고, 그 뒤 부소대장이 아무 생각 없이 모자를 주워 예비 총열 박스에 올려놓아 그렇게 된 것이다'라는 그럴싸한 답변을 내놓았다.

하지만 재판부조차도 이 같은 특조단의 번복된 주장을 인정하지 않았다. 특히 처음과 달리 실수로 모자를 떨어뜨렸다고 진술을 뒤바꾼 부소대장의 주장에 대해서도 재판부는 통로의 높이와 모자가 놓여 있던 위치를 가정해 볼 때 부소대장이 사체에 다가서는 과정에서 모자를 떨어뜨릴 가능성이 적어 상상하기 어렵다고 판단했다. 더 나아가 재판부는 모자 위치에 대한 의혹 말고도 그 뒤 적어도 한 번 이상 누군가에 의해 모자 위치가 바뀌었다며 이러한 현상이 상식적으로 납득하기 어렵다고 지적했다. 즉, 누군가가 고의로 현장 상황을 조작하려 했다는 유족의 손을 들어준 것이다.

싸운 흔적 있는 자살 장소?

재판부는 3번 벙커 안에서 격투와 반항 흔적이 있었다는 것도 인정했다. 자살은 그야말로 고요 속의 바다라고 할 수 있다. 아무에게도 방해받지 않고 부산스럽지 않은 가운데 엄숙하게 자신의 마지막을 스스로 결정하는 것이 일반적인 자살의 정황일 것이다. 그런데 만약 그런 자리에서 누군가와 격렬하게 다투거나 반항한 흔적이 있다면 우리는 그러한 죽음을 자살이라 판단할 수 있을까?

그런데 김훈 중위가 죽은 채 발견된 3번 벙커에서는 이 같은 격투와 반항 흔적이 남아 있었다. 바로 부서진 크레모아 박스 뚜껑이었다. 크레모아는 쉽게 말하면 지뢰 비슷한 무기로서, 이것은 유사시 비무장지대를 넘어오는 북한군을 막기 위한 쓰임새로 설치해 놓은 것이다. 그런데 만약 이것이 잘못 작동될 경우 곧바로 군사적 긴장으로 이어질 수 있어 크레모아를 작동하는 스위치의 관리는 너무나 중요한 업무 가운데 하나였다고 전역병들은 한결같이 증언했다.

따라서 해 뜰 때와 해 질 때, 하루 두 번 실시하는 전원투입 근무 때마다 소속 부대는 스위치 하나하나를 감싸고 있는 손바닥만 한 나무 박스의 상태를 점검하고 문제가 생길 경우 선임하사에게 보고한 뒤 곧장 고치도록 되어 있었다. 더구나 사건이 벌어진 그날은 VIP 방문이 예정되어 있었기 때문에 청소를 두 번씩이나 하는 것을 비롯해 부대 관리가 무척 철저했다고 한다.

그런데 김훈 중위가 죽었을 당시 3번 벙커 안에 설치된 크레모아 박스의 뚜껑은 부서져 있었다. 결론적으로 말하면 이 박스는 절대 부서지거나 또는 부서진 상태로 그냥 둘 수 없는 물건이다. 그렇기에 우리는 박스가 부서진 까닭이 그 안에서 누군지 알 수 없는 살인자와 김훈 중위 사이에 심한 몸싸움이 있었고, 그 과정에서 박스가 부서진 것이라고 주장했다. 그러나 이 같은 주장에 대해 특조단은 이번에도 역시 '사람이 하는 일인데 박스가 부서질 수 있는 것 아니냐'고 대답했다.

늘 그렇게 말했다. 정말 그럴 수도 있지만 그럴 수 없는 것도 분명히 있는데 특조단은 설명하기 어려운 부분이 제기될 때마다 그렇게 답했다. 하지만 적어도 우주의 무게와 맞먹는다는 한 인간의 죽음을 앞에 두고 그렇게 말하는 것은 결코 예의가 아니다.

다행스럽게도 재판부는 이 점에 대해서도 우리의 손을 들어주었다. 재판부는 싸움과 반항 흔적이 전혀 없었다는 특조단의 주장을 받아들이지 않았다. 즉, 크레모아 스위치 박스 덮개가 부서진 채 김훈 중위 오른쪽의 전투모와 탄약통 사이에 떨어져 있었다는 것은 현장에서 심한 싸움과 반항이 있었다고 인정한 것이다.

나아가 재판부는 김훈 중위가 왼손에 차고 있던 손목시계 유리가 깨진 상태로 발견된 것도 김훈 중위가 죽을 당시 벌어진 싸움과 반항의 흔적이라고 인정했다. 평소 김훈 중위의 업무 성격으로 보아 시계 유리가 부서질 이유가 없다는 점에서 이 또한 당시 심한 몸싸움과 반항 과정에서 벌어진 것이라고 판단한 것이다.

그리하여 여러 가지 상황을 종합해 고려한 재판부는 싸움과 반항 흔적이 전혀 없었다는 특조단의 판단은 합리성이 모자란다고 결론 내렸던 것이다.

그들의 알리바이

특조단은 김훈 중위가 타살되지 않았다며 김훈 중위 소대원 모두에 대해
알리바이를 제시했다. 그런데 그 가운데 11명은 사건이 있었던 날 수색 정
찰을 나갔다며 빼놓았다. 하지만 한나라당 하경근 의원은 사건이 있었던
그날 수색 정찰은 없었다고 주장했다. 어떻게 된 것일까?

이른바 '적과의 내통'이 드러나면서 국가보안법 위반으로 구속된 K부소대장의 알리바이도 문제였다(특조단은 조사 결과 발표에서 김훈 중위 사망 사건과 부소대장 사이에 어떠한 혐의도 확인하지 못했다고 밝혔다). 부소대장은 사건 당일 무엇을 하고 있었냐는 군 수사기관의 물음에 '오전 10시부터 12시 5분까지 컴퓨터 워드 작업을 했다'고 주장했다. 그리고 자신이 김훈 중위의 마지막에 대해 알고 있는 것은 문서 작성에 열중이던 11시 50분경, 김훈 중위로부터 "저 나가요."라는 말을 들은 것이고, 김훈 중위가 소대장실 밖으로 나가는 것은 보지 못했다고 주장했다.

유족들은 부소대장의 알리바이가 사실인지 확인하기 위해 그가 작업했다는 컴퓨터 하드 디스크에 저장된 문서의 작업 시간대와 작업 결과물을 조사해 달라고 수사 초기부터 줄기차게 요구했다. 하지만 군 수사기관은 유족들의 요구를 무시했고, 사건 발생 10여 개월 뒤 특조단이 꾸려지고 난 뒤에야 조사가 이루어졌다.

우리는 늦은 감이 있었지만 특조단의 조사를 통해 의혹 속의 컴퓨터가 그 실체를 드러낼 것으로 기대했다. 그런데 조사를 했던 특조단은 컴퓨터와 관련된 알리바이에 대해 전혀 엉뚱한 답변을 내놓

았다. 컴퓨터를 압수해 분석했으나 작업 시간과 내용은 확인할 수 없었다는 것이었다.

자신에게 유리한 증거물을 스스로 없애 버렸다?

내막은 이랬다. 특조단이 조사에 들어가기 몇 달 전인 1998년 8월경, 부소대장이 직접 용산 전자상가 컴퓨터 매장으로 문제의 컴퓨터를 가져가 업그레이드를 시켰고, 그 과정에서 하드디스크의 모든 저장 내용이 지워져 알 수 없다는 것이었다. 어이가 없었다. 그리고 이해가 가지도 않았다. 부소대장 역시 이 컴퓨터와 관련된 의문을 알고 있었던 상황에서, 그는 자신의 무죄를 입증해줄 유일한 알리바이를 왜 굳이 스스로 없애 버린 것일까? 이에 대한 민사소송 1심 재판부의 판단을 살펴보자.

　…더구나 김○○(부소대장)에 대한 알리바이 수사는 다음과 같은 점에서 의문이 있다. (각 증거를 종합해보면) 김○○은 12:00경 소대장실 앞에서 이○○ 등으로부터 중대 상병 모임 복귀 신고를 받고 함께 식당으로 갔다는 것이 특조단의 결론인데, 김○○은 위 상병

모임 복귀 신고를 받은 기억이 없다고 진술한 사실, 김OO은 자신이 사고 당일 작업하였다는 컴퓨터 작업 문서명이 '업무보고'라고 계속하여 진술하여 왔는데, 그후 위 업무보고 문서를 화면상 출력하여 촬영한 사진을 보고는 자신이 작성한 문서가 아니라고 하면서, 자신이 작성하였다는 문서의 파일명이 업무보고가 아니라고 진술을 번복하였는 바, 그럼에도 불구하고 특조단은 별다른 추가 조사를 하지 않은 채 수사 결과에서 여전히 김OO 작성 문서가 '업무보고'였다고 발표한 사실, 특조단 수사결과에 의하면 김OO은 위 업무보고 문서를 작성하기 위하여 이 사건 사고 전날 22:00경부터 사고 당일 4:00까지, 다시 사고 당일 10:00경부터 12:00경까지 작업에 열중하였다고 하는데, 사진상 촬영된 업무보고는 실제 작업 내용이 거의 없는 사실, 김OO은 중대장의 지시에 의하여 1998. 3. 경 위 컴퓨터를 중대장실로 옮겼다고 진술하였으나 사진상 촬영된 화면에는 1998. 5. 11.까지 계속하여 사용한 작업 내용이 나타나 있는 사실, 중대장 대위 김익현은 위 컴퓨터가 미군 재산이라는 이유로 위 컴퓨터를 수사기관에 제출하지 못하고 1998. 5. 11. 위 업무보고 문서를 화면으로 출력하여 사진 촬영하는 방법으로 수사에 협조하였던 것인데 김OO은 1998. 6. 19. 한국군 지원단 본부로 전출될 당시 위 컴퓨터를 가지고 나와 1998.

8. 경 용산에서 하드 디스크를 포맷함으로써 결과적으로 위 작업 내용을 복구할 수 없도록 하였으며, 군 수사기관은 그 이후에야 위 컴퓨터를 압수한 사실을 인정할 수 있고 반증이 없는 바, 이와 같은 중요 증거물의 확보 지연 내지 알리바이 수사의 중단은 납득하기 어려운 일이라 할 것이다.

판결문에서도 확인되는 것처럼 특조단의 수사는 아주 잘못되었다. 무엇보다 어이가 없는 일은 '컴퓨터가 업그레이드되어 작업 시간과 내용을 확인할 수 없다'는 발표였다. 그것으로 특조단은 알리바이 조사를 끝냈다.

이것이 말이 되는가? 특조단의 발표에는 당연히 들어가야 할 해명이 모두 빠져 있었다. 부소대장을 상대로 유족이 의혹을 제기하는 상황에서 왜 그가 자신의 유일한 알리바이 증거인 컴퓨터를 포맷했는지 유족이 납득할 수 있도록 특조단은 충분한 조사 결과를 내놓았어야 했다. 그래야만 유족도 특조단의 수사 결과를 믿을 수 있었을 것이다. 그러나 이러한 기초적인 조사는 모두 무시되었다.

특조단은 왜 이 부분에 대해 수사를 하지 않은 것일까? 결국 특조단의 이 같은 부실한 조사 때문에 더 많은 의혹이 일어날 수밖에 없었던 것이다. 1심 재판부가 인정한 것처럼 부소대장의 알리바이 수사가 이처럼 부실하게 중단된 이유가 무엇인지 나는 지금도 여전히 궁금하다.

수색 정찰과
소대원 11명의 알리바이 의혹

한편 특조단은 김훈 중위가 타살되지 않았다며 그 근거로 소대원 모두에 대해 알리바이를 제시했다. 다만 이들 가운데 소대원 11명은 사건이 있었던 날 수색 정찰을 나갔다며 빼놓았다. 그런데 2000년 5월 17일 한나라당 하경근 의원은 국회 국방위원회 전체회의에서 이 수색 정찰에 대한 근본적 의혹을 제기하는 문서를 공개했다.

사건이 일어났던 그날 진짜 수색 정찰이 있었느냐는 의문이었다. 하 의원은 군 작전 상황일지를 복사한 자료가 담긴 〈김훈 중위 사망 사건, 진실을 밝히기 위한 새로운 증거〉라는 보고서를 통해 사건이 있었던 그날 수색 정찰은 없었다고 주장했다. 어떻게 된 것일까?

하 의원은 수색 정찰을 나갈 경우 반드시 인접 부대인 OO사단에 수색 정찰 계획을 미리 알려야 하지만 이 같은 정찰 계획이 통보되지 않았음을 수색대대 상황일지에서 확인했다고 밝혔다. 하의원이 어렵게 손에 넣은 수색대대 상황일지에는, 사건이 벌어졌던 2월 24일만 수색 정찰 계획이 기록되어 있지 않았고, 그 외 다른 날짜에 실시된 수색에 대해서는 모두 기록되어 있었다. 따라서 2월 24일 수색이 있었다면 틀림없이 기록되어 있었을 수색 상황일지에 그 같은 기록이 없다는 것은 그날 수색이 없었다는 증거라고 밝혔다.

그렇다면 수색 정찰 작전이 있을 경우 인접 부대에 대한 통보는 반드시 해야 하는 것이었을까? 대답은 '그렇다'이다. 이유는 비무장지대 안에서 수색 정찰을 하던 도중 북측과 우연한 충돌이 빚어질 경우, 증원군 투입과 화력 지원을 위해 반드시 필요하기 때문이다. 또한 작전 계획을 서로 모르는 상태에서 만약의 경우 아군끼리의 충돌이 벌어질 수도 있으므로 수색 정찰 계획은 반드시 사전에 인접 부대에 통보해야 하는 것이었다.

그날 수색 정찰이 없었다는 의혹을 뒷받침하는 근거는 이 말고도 무척 많다. 먼저 공동경비구역 수색 정찰 예규에 따르면 주간 수색 정찰시에는 반드시 소대장, 또는 부소대장 가운데 1명이 기동타격대 상황실에서 수색 전반의 업무를 통제하며 상황을 유지하도록 되어 있다. 그러나 사건이 있었던 그날 소대장과 부소대장은 모두 241GP 안에 있었던 것으로 확인되었다. 이는 정말 수색이 실시되었다면 있을 수 없는 상황이다.

또한 부상자 발생 같은 만약의 상황을 위해 수색 정찰이 실시되는 동안에는 241GP에 위생병이 대기토록 명시되어 있으나 역시 그날 241GP에 대기하고 있던 위생병은 없었다. 그런데도 이 같은 의혹에 대해 국방부는 그날 수색을 나갔다는 병사들의 진술서를 확보했다며 하경근 의원실의 주장을 반박했다.

도대체 진실은 무엇일까? 1999년 4월 14일, 특조단은 약 5개월 동안 김훈 중위 사건에 대해 재조사한 뒤 모두 1천 쪽이나 되는 방대한 조사 기록을 공개하면서 군으로서는 할 만큼 했으며, 이 사건과 관련해 더 이상 조사하는 일은 없을 것이라고 자신감을 보였다. 그러나 나는 아직도 이 사건에 대해 캄캄한 어둠 속을 걷는 기분이다.

진실을 위한 작은 디딤돌

"타살이라는 사실이 밝혀져도 내 아들이 살아 돌아오는 것은 아니다. 그러나 은폐와 조작에 의해 진실이 죽는 것을 본다는 것은 죽음보다 더한 고통이다. 이번 소송은 진실의 승리를 위한 작은 디딤돌을 놓은 것에 지나지 않는다."

이 사건의 진실에 대해 목말라하는 사람들은 특별검사제를 통해 김훈 중위 사건에 대한 전면적인 재조사가 이루어지기를 간절하게 바라고 있다. 지금까지 밝힌 바와 같이 김훈 중위 사건은 국방부의 바람처럼 도저히 그냥 이대로 마침표를 찍을 수 없는 사건이기 때문이다.

국방부가 나름대로 특조단을 구성해 진상규명을 위해 노력했다고 하지만, 특조단 자문위원으로 참여했고 이 사건에 대해 오늘날까지 깊이 고민해온 나를 비롯한 수많은 사람들은 오히려 특조단의 조사 결과가 더 많은 의혹과 의문을 남기는 데 도움을 주었을 뿐이라고 생각하고 있다.

한편, 이 책에서 민사소송 1심 판결문을 중점적으로 다룬 것은 이후 2심(2004년 2월 17일)과 대법원 판결 내용이 1심 판결을 대부분 인용했기 때문이다. 다만 1심과 달리 2심에서 바뀐 내용은 부소대장의 컴퓨터 입수에 실패한 것을 비롯해 잘못된 초동수사로 인해 실체적 접근을 어렵게 한 책임을 물어 국가가 유족에게 일부 배상을 하도록 판결했다는 점이다.

그리고 2006년 12월 7일 대법원은 '상고 기각' 판결로 2심 선고 내용을 확정했다. 즉, 일부 잘못은 있지만 군 수사팀의 고의적인 은폐나 조작은 없었다는 것이 법원의 결론이었다. 유족의 입장에서는 돈 때문에 시작한 재판이 아니었기에 너무나 허탈한 결과라고 하지 않을 수 없었다.

다른 한편, 대통령소속 군 의문사 진상규명위원회는 2009년 10월, 3년 동안에 걸친 김훈 중위 사건에 대한 조사 결과를 공식 발표했다. 이를 통해 사건이 있었던 그날, 비상 발령 시각을 적으면서 이를 기억하지 못하는 소대원들이 부소대장이 알려준 대로 똑같이 썼다는 사실을 밝혀낸 것을 비롯해, 사건 당일 기록만 파기된 241GP 상황일지에 대한 의문, 그리고 사건 당일 총소리를 들었다는 240GP 병사들을 상대로 총소리를 듣지 못했다는 각서를 쓰도록 특조단이 강요한 사실 따위를 밝혀내기도 했다.

그러나 이 같은 성과에도 끝내 군 의문사 진상규명위원회는 김훈 중위에 대해 자살인지 타살인지 알 수 없다며 '진상규명 불능' 결정을 내린 뒤 2009년 12월 말 역사 속으로 사라졌다. 결국 유족이 3년 동안이나 기다렸던 군 의문사 진상규명위원회를 통한 진실규명 기대는 또 무너지고 말았다.

진상규명을 위해 동분서주하던 김훈 중위의 아버지 김척 예비역 장군의 노력은 옆에서 지켜보는 사람들의 가슴을 먹먹하게 했다. 너무나 분명한 의혹에 대해 군 의문사 진상규명위원회 관계자들을 상대로 설득시키고자 처절할 정도로 고뇌하던 아버지의 노력은, 그러나 때로는 그들 눈에는 유족의 떼쓰기 식으로밖에 비춰지지 않는 것 같았다. 너무나 안타깝고 또 괴로운 목격이었다.

현재 김훈 중위 사건에 대한 조사는 중단된 상태다. 사건이 있은 1998년부터 지금까지 세 차례에 걸친 군 수사, 그리고 세 번에 걸친 민사소송, 3년에 걸친 군 의문사 진상규명위원회 조사를 거치면서 김훈 중위 사건의 의혹은 일부 밝혀지기도 했고, 또 일부는 여전히 밝혀지지 못한 채 있는 것이 이 사건의 오늘이다. 그렇다면 유족을 비롯한 우리는 왜 이 사건을 놓지 못하고 있는 것일까?

"지난 세월 모든 것을 바쳐 진실을 찾아 헤매면서 군에 대한 배신감과 좌절감을 느끼며 대한민국을 떠나야겠다는 생각, 심지어 죽고 싶다는 생각을 수없이 했다. 예비역 3성 장군으로서 국가 안보에 평생을 바친 우리 가족조차 이럴진대, 군에 보낸 자식이 의문사당한 일반인의 심정은 어떻겠는가를 생각하며 그동안 쓰러지려는 나를 추슬러왔다. 타살이라는 사실이 밝혀져도 내 아들이 살아 돌아오는 것은 아니다. 그러나 은폐와 조작에 의해 진실이 죽는 것을 본다는 것은 죽음보다 더한 고통이다. 이번 소송은 진실의 승리를 위한 작은 디딤돌을 놓은 것에 지나지 않는다."

국가를 상대로 민사소송을 내던 1999년 12월, 김척 예비역 장군의 말이다. 그로부터 세월이 흘렀다. 그리고 앞으로도 흐르고 또 흐를 것이다. 그러나 우리는 지치지 않고 이 싸움을 계속할 작정이다.

어느 기자가 비아냥대듯 했던 그 말처럼, 진상규명이 된다고 죽은 김훈이 살아 돌아오는 것은 아니라는 사실은 유족도, 우리도 알고 있다.

하지만 우리는 이를 통해 이 땅의 또 다른 제2, 제3의 김훈을 막고 싶다. 사랑하는 가족을 왜 잃게 되었는지, 어떻게 죽어갔는지 영문도 알지 못하는 또 다른 유족의 고통과 상처를 끊어내고자 우리는 이 모질고 괴로운 싸움을 악착같이 해 나갈 것이다.

영원한 청년 장교 김훈 중위의 명복을 빈다.

"사람이 온다는 건 실은 어마어마한 일이다.

한 사람의 일생이 오기 때문이다."

– 정현종의 시 〈방문객〉 중에서–

잊혀진 군인, 김훈 중위의
억울한 죽음을 잊지 못하는 이유

처음 김훈 중위 사건을 접할 당시 내 나이는 29살(1998년 당시)이었다. 그리고 이 책을 다시 내는 지금, 나는 40대가 되었다. 그 시간의 간극만큼 나에게 있어 김훈 중위 의문사 사건은 참 많은 의미와 사연을 가지고 있다.

누군가는 말했다. 이 사건에 대해 이렇게 오랫동안 관심을 갖는 이유가 혹시 김훈 중위 아버지가 이른바 '쓰리 스타(예비역 육군 중장)'이기 때문이 아니냐고. 그의 당연한 궁금증을 타박하고 싶지는 않다. 다만 추측은 틀렸다.

최초로 '군 의문사' 의제를 던진 김훈 중위 사건
김훈 중위 사건 당시에도 그렇고, 또 앞으로도 계속될 군 의문사 규명을 위한 노력은 이 사건이 우리 사회에 던진 아주 각별한 의미 때문이다. 물론 의문사한 군인이 김훈 중위가 처음은 아니다.

군 복무를 헌법상 국민의 4대 의무 가운데 하나로 규정한 징병제 국가에서 대부분의 건장한 남성은 군에 가야 한다. 그런데 이렇게 군에 간 이들 가운데 한 해 평균 약 130명이 여러 가지 이유로 목숨을 잃고 있다. 추락사를 비롯해 각종 훈련 과정에서 죽음을 맞기도 하고, 총기 오발이나 익사 같은 사고도 끊이지 않고 있다.

그런데 군 당국 발표에 따르면 이들 사망자 가운데 가장 많은 비율을 차지하는 것이 자살자다. 지난 2010년 국방부 통계를 보면, 군 복무 도중 죽은 병사는 모두 129명인데, 그 가운데 82명이 자살자로 발표되었다. 자살의 이유는 대부분 '군 복무 염증과 비관'이었다.

문제는 그동안 이 같은 군 당국의 사망 사건 처리가 진짜 발표 그대로인지에 대한 의혹이 끊이지 않고 있다는 것이다. 군 당국의 주장과 달리 다행스럽게 진실이 밝혀진 경우도 일부 있다. 대표적인 것이 1987년 있었던 육군 정연관 상병 사망 사건이다.

부정 투표에 맞서다 죽은 정연관 상병

1987년 12월 4일. 이날은 87년 6월 민주 대항쟁으로 전두환 군사독재 정권이 항복하면서 쟁취한 대통령 직선제에 따라 군 부대에서 부재자 투표가 실시된 날이다. 그리고 그날, 정연관 상병은 당시 전두환과 육사 동기생인 민주정의당 노태우 대통령 후보를 찍지 않았다는 이유로 구타당했고, 그 과정에서 숨졌다. 하지만 이 같은 진실은 곧바로 밝혀지지 못했다. 애초 군 당국이 밝힌 사실은 달랐기 때문이다.

사건이 벌어지자 군 당국은 훈련을 앞둔 상황에서 고참이 군기를 확립하기 위해 9명의 병사를 일렬로 세워놓고 가슴을 단 두 대씩 때리던 중 정연관 상병이 숨졌다고 발표했다. 하지만 가족들은 처음부터 믿지 않았다. 앞뒤 이치가 너무도 맞지 않았기 때문이다.

진실이 밝혀진 것은 그로부터 17년이 지난 2004년이 되어서야 가능했다. 정연관 상병의 가족들은 2000년 출범한 대통령소속 의문사 진상규명위원회에 진정을 냈고, 조사 결과 가족들이 갖고 있던 의심스러운 정황들은 모두 사실로 밝혀졌다. 물론 17년 동안 그 가족들이 겪은 고단하고 힘겨운 세월은 이루 말할 수 없다.

진실을 숨기는 군 수사 관행을 깨다

의문사 진상규명위원회 결정문에 따르면 당시 정연관 상병이 근무하던 경기 고양시 소재 육군 부대에서는 간부들에 의해 병사들의 부재자 투표 용지가 개봉되는 따위의 부정선거가 저질러지고 있었다. 이 과정에서 정연관 상병이 속한 내부반에서 당시 기호 1번이었던 민주정의당 노태우 후보가 아닌 다른 야당 후보를 찍은 표가 3장 나왔고, 이 때문에 소대원들이 구타당하던 중 정연관 상병이 숨진 것으로 드러났다.

하지만 정연관 상병 사건처럼 사건의 진실이 드러난 경우는 무척 희귀한 사례다. 그동안 이른바 군에서 죽은 이들에 대한 우리 사회의 솔직한 정서는 '개죽음'이라는 표현에 잘 담겨 있다. 왜 죽었는지, 어떻게 죽었는지 그 이유를 알고자 하는 가족에게 군은 광범위한 군사 비밀을 들어 사실을 차단하고, 숨기고, 거짓말로 일관했다.

어느 날 갑자기 죽은 자식을, 형제를, 그리고 남편에 대해 알고자 하는 유족에게 군 당국은 순직 처리해서 국가유공자로 만들어줄 테니 일단 장례부터 조용히 치르자며 설득하곤 했다. 그렇게 해서 지치고 힘든 유족이 장례를 치르고 나면 군은 그 뒤부터 일체의 협조를 거부했다. 지금까지 만나본 150여 명의 군 의문사 유가족들이 주장하는 한결같은 이야기다.

김훈 중위 사건은 이처럼 기존의 군 의문사 사건에 대해 새로운 사회적 이슈를 던진 최초의 사건이었다. 사람들 속에서 있어 왔지만, 그러나 그 존재 사실을 부인당했던 '군 의문사'에 대해 사회적 의식을 바꿔놓은 것이 바로 김훈 중위 사건이었던 것이다.

실제로 김훈 중위 사건 이후 군 당국의 군대 내 의문사 사건을 다루는 관점은 많이 달라졌다. 예를 들어 사망 사건이 벌어지면 그동안 군 당군은 사건 현장을 '완벽하게' 훼손했다. 심지어 헌병대 수사대가 오기도 전에 청소를 하기도 했으며, 죽은 병사가 입고 있던 군복을 깨끗이 빨기도 했다. 나아가 숨진 병사를 깨끗이 씻은 뒤 다른 군복으로 갈아 입혀놓기도 했다. 이러한 사체와 현장 훼손에 대해 항의하면 돌아온 답은 기가 막혔다.

"유족이 처참한 몰골을 보면 얼마나 가슴이 아프겠나 생각해서 그렇게 했고, 사고 현장은 또 다른 병사가 계속 근무해야 하는데 그런 상황에서 근무하면 기분 나쁘지 않겠습니까?"

어처구니없는 일이었지만 그렇게 말하는 군의 인식이 바로 군 의문사를 수없이 만들어낸 이유가 되기도 했다. 하지만 김훈 중위 사건이 있은 뒤부터 많이 달라졌다. 사망 사건에 대한 군 수사의 질이 개선되었다고 말할 수는 없지만 적어도 기존의 무질서하고 황당한 처리 관행은 사라졌다. 현장은 보존되었고, 유족이 확인할 때까지 사체는 훼손되지 않았다.

이러한 군 사망 사건의 개혁이 이루어질 수 있었던 힘은 다른 여러 가지 요인도 있지만 김훈 중위 사건이 적지 않은 역할을 했다고 생각한다. 그래서 김훈 중위 사건은 군 인권 영역에서 분명 역사적 의미를 가진 사건이라 할 수 있다.

사실 이 책은 지난 2003년에 출간한 《젊은 인권운동가가 쓴 인권현장 이야기-니가 뭔데》 가운데 '판문점 241GP 3번 벙커의 숨겨진 진실'이라는 제목으로 이미 다뤄진 바 있다. 당시 이 책은 2004년도 '책으로 따뜻한 세상을 만드는 교사 모임(약칭 책따세)'의 청소년 권장도서로 뽑히기도 했고, 많은 이들로부터 호응을 얻기도 했다.

그런데 이번에 다시 책을 내게 된 이유는 이 사건이 '종결형'이 아니라 여전히 '진행형'이기 때문이다. 더구나 지난 2009년 12월 말 해산한 대통령소속 군 의문사 진상규명위원회의 3년에 걸친 조사에서 새롭게 밝혀진 진실도 정리할 필요가 있었기 때문이다.

김훈 중위 사건을 두고 벌어진 국방부 특별합동조사단을 포함한 세 번의 군 수사, 그리고 4년에 걸친 민사소송과 3년에 걸친 군 의문사 진상규명위원회 조사를 통해 밝혀진 진실은 사실상 아무것도 없다. 군 당국은 억지를 부리며 김훈 중위는 끝끝내 자살이라고 주장했다.

민사소송은 1심에서는 군 수사기관의 잘못은 인정되지만 고의성이 없다며 유족의 신청을 기각했고, 2심과 대법원 판결에서는 군 수사기관의 잘못을 인정해 일부 승소로 유족에게 배상 판결이 내려졌다. 하지만 거기까지였다. 김훈 중위의 진실은 여전히 밝혀지지 못했다.

무엇보다 유족이 그 결과에 대해 가장 비통해했던 것은 바로 대통령

소속 군 의문사 진상규명위원회의 결론이었다. 사실상 마지막으로 희망을 걸었던 그곳에서 유족은 가장 비참한 결과를 얻어야 했다.

3년에 걸친 조사 끝에 내린 결론은 '진상규명 불능'이었다. 결국 김훈 중위는 죽은 것도, 그렇다고 산 것도 아닌 존재가 되고 말았다. 왜 죽었는지도 모르는 정체불명의 존재로 그는 13년 만에 우리 곁으로 다시 돌아온 것이다. 3년 동안 나는 내내 군 의문사 진상규명위원회를 향해 물었다. 다른 것은 다 필요 없으니 다만 한 가지만 규명해 달라고 요구했다.

자살하고자 스스로 총을 쏘았다고 하는 김훈 중위의 오른손에서 화약흔이 발견되지 않은 이유도, 이러한 현상에 대해 화약흔이 나타날 수도, 그렇지 않을 수도 있다는 황당한 군 당국의 주장과 달리 유족 몰래 실시한 그들만의 5번에 걸친 비밀 조사 결과, 실험자의 오른손에서 화약흔이 모두 발견된 사실에 대해서도 따지고 싶지 않았다. 사건이 벌어진 당일, 군 당국이 발표한 사고 시각 이전에 총소리를 들은 병사가 있었고, 이들의 총소리 청취 보고에 대해 조사는커녕 오히려 '총소리를 듣지 못했다'는 내용의 각서를 왜 쓰라고 요구한 것인지에 대해서도 따지고 싶지 않았다. 이 말고도 사건 전반에 깔린 무수한 의혹과 의문에 대해서도 나는 더 이상 군 수사기관에 답변을 요구하고 싶지 않았다.

그러나 다만 한 가지, 이 모든 의혹과 의문을 다 포기하는 대신 나는 결코 물러설 수 없는 한 가지 의문에 대해서는 이 나라 군 수사기관과 정부, 그리고 책임 있는 대한민국 정치인들에게 묻고자 한다.

도대체 김훈 중위가 죽은 그날, 1998년 2월 24일 241GP 3번 벙커 안에서 발견된 그 낡고 허름한 철모는 누구의 것인가? 나는 그 답을 듣지 않고서는 김훈 중위의 죽음을 이대로 묻을 수가 없다.

미군 군의관 아리스 대위의 철모라는 말을 믿을 수 없는 이유

이미 책의 본문에 다 쓴 것을 되풀이할 필요가 없으나 정리하면, 사건 현장에서 발견된 철모와 관련한 국방부 특별합동조사단의 주장은 사실일 수 없다. 그리고 적어도 이 철모가 미군 군의관 아리스 대위의 것이 아니라는 사실은 누구보다도 군 당국이 가장 잘 알고 있다고 생각한다. 바로 현장에서 발견된 철모 스스로가 이를 증명하고 있기 때문이다.

여기저기 낡고 헝겊이 헤진 철모에는 작전을 나갈 때 얼굴에 바르는 녹색의 위장크림이 묻은 흔적이 많았다. 이러한 형편없는 철모를 미군 군의관이 쓸 경우 징계 사유가 된다고 당시 아리스 대위와 함께 근무하던 위생병은 증언했다.

이 철모의 턱끈이 한쪽으로 똘똘 말려 있었다는 사실도 그렇다. 이것은 규정 위반이었고, 그렇게 하는 미군은 아무도 없었다고 수많은 병사들이 증언했다. 그렇기에 당시 이 철모를 확인한 아리스 대위의 위생병을 비롯해 사고 발생 당시 근무했던 해당 경비대대 제대 병사들은 한목소리로 진술했다.

"이 철모는 미군 군의관 아리스의 철모가 아닙니다."

지난 13년 동안 김훈 중위 사건을 놓을 수 없는 이유가 이것이다. 그리고 나는 이 양보할 수 없는 큰 의혹을 규명하기 위해 이 책을 썼다. 도대체 사건 현장에서 발견된 의혹의 철모는 누구 것인가? 왜 특조단은 이 철모의 존재에 대해 스스로도 말이 안 되는 주장을 한 것일까? 그리고 이 분명한 사실에 대해 왜 지금까지도 끝내 진실을 외면하고 있는 것일까? 정말 그들은 이 철모의 진실에 대해 밝히지 못할 어떤 이유가 있는 것일까?

벙커에서 발견된 철모. 나는 한시도 잊지 못했다. 그렇기에 나는 이 책의 출간을 시작으로 다시금 이 사건의 진실을 알고 싶어 하는 모든 이들과 함께 싸우고자 새로운 전의를 다진다.

그리고 끝으로 한 가지. 이 책을 읽은 독자들에게 남는 의문이자 많은 이들이 궁금해하는 핵심 가운데 하나이며, 내가 김훈 중위에 대해 이야기할 때 늘 듣는 질문이기도 하다.

"그렇다면 김훈 중위는 왜 죽은 것인가요? 그리고 만약 타살이라면 범인은 누구라는 것인가요? 그는 왜 김훈을 죽였을까요?"

내가 해줄 수 있는 답은 하나다. 이 책을 쓴 이유가 범인을 지목하고 잡기 위해서가 아니라는 것. 그것은 온전히 군 수사기관 또는 수사 관련 국가기관의 몫일 수밖에 없다. 다만, 내가 이 책을 통해 말하고 싶은 것은 적어도 국방부가 주장하는 것과 달리 김훈 중위는 자살하지 않았다는 점이다. 나는 이 사실에 대해서는 분명하게 말할 수 있다.

내 마음속에 새겨진 두 글귀

"인간이 하고 하는 일은 하고 하고 또 하여야 한다. 하고 하고 또 하다가 후인이 다시 하고 하여야 한다."

헤이그 만국평화회담에 밀사로 파견되어 합병이 일제에 의해 강제로 조약된 사실을 알리고 조선이 독립된 국가임을 밝히고자 했던 이준 열사. 그러나 끝내 일제의 방해로 그 뜻을 이루지 못하자 자결한 그의 묘역에서 나는 참 귀한 글귀를 만났다. 김훈 중위 사건을 대하는 내 마음을 담은 것 같아 무척 감동적이었다.

마지막으로 하나 더. 광화문에 있는 교보문고 빌딩에서 우연히 만난 현수막 글귀다.

"사람이 온다는 건 실은 어마어마한 일이다. 한 사람의 일생이 오기 때문이다."

우리가 김훈 중위 사건을 비롯해 알려지지 않은 숱한 군 의문사에 대해 왜 관심을 가져야 하는지를 느끼게 한 명언이라고 생각한다.

나는 그 진실을 찾기 위해 싸울 것이다. 그리하여 철모의 진실이 밝혀지는 그날까지 부디 청년 장교 김훈을 잊지 말기를. 그 길에서 여러분도 함께하기를 간곡히 호소한다.

진상규명이 된다고 해서
죽은 김훈이 살아 돌아오는 것은 아닙니다.
그것은 유족도, 우리도 알고 있습니다.
다만 이 땅의 또 다른 제2, 제3의 김훈이 생겨나는 일이 없도록
우리는 이 모질고 괴로운 싸움을 악착같이 해나갈 것입니다.

– 본문 중에서–